U0054239

羅姐談 房屋檢驗 攻略標竿

朱承天——著
《羅姐談好房》作者

中華民國
全國驗屋標準推廣協會 策劃

TOP Home Inspection

驗屋公司
安心履約保證
建立驗屋標準
驗屋師證照

驗屋空間
玄關／客廳、廚房、主臥室
主衛浴室、客臥室
客衛浴室、前／後陽台

檢驗項目
門窗工程、土建工程
給排水工程、
電氣工程

預售交屋、成屋交屋、中古屋驗屋
程序輕鬆上手！

拒絕糊弄，一次到位全解析；
好房入住，驗屋眉角全披露。

目錄 Contents

PART 1
驗屋攻略標竿 ｜
Let's Go！一起探索房屋檢驗深水區

因應新的消費需求，就有新的市場機會。我便思考，過往的各種營建「實戰」經驗，若是能夠有機會做更大的發揮，豈不是美事一樁？

PART 2

驗屋不藏私｜
房屋檢核標準 SOP 項目大公開！

驗屋到底有哪些區塊和面向？羅姐不藏私完整剖析，標竿首選、精華盡出，將檢核項目完整大公開，方便讀者自行參照與運用，亦可作為與驗屋公司的討論和評估。

目錄 Contents

目錄 Contents

PART 3
開門說亮話丨
羅姐 x 專家，巷子內驗屋經驗談

這一章節經由羅姐在臉書社團發表、廣播節目錄製等媒介，採訪及對談以下各界專業人士，從不動產環境到以驗屋為主題的內容，提供讀者進一步延伸參考。

PART 4 特別收錄｜
驗屋推廣理念與實戰工具

驗屋有望成為買賣房屋的必備流程，不但提高物件在銷售上的信任度，也讓消費者有個安心的保障，就像是一種「履約保證」。本篇彙整協會專家談驗屋推廣，以及驗屋必備工具，提供讀者更全面的驗屋概念。

房屋也需要健康檢查！

在不動產價值鏈裡面，以前並沒有「驗屋」的說法，比較相近的就是「點交」，進到房屋後，這邊點一點、那邊看一看，一樣都不漏，就沒問題。

如今，有了「驗屋」的出現，買賣房屋更有保障，這也成了我目前的跨界新斜槓。

🏠驗屋，讓人安心的履約保證

「為什麼要做驗屋這件事情？」、「它在這裡面扮演什麼角色呢？」、「又為什麼需要這樣的角色？」有人可能會這樣問。

「就是彼此不信任嘛！」有些人就會開玩笑答。

以前的時代，買房子並沒有所謂的「履約保證」，甚至在非都會區，大家都是口頭承諾什麼時候付錢，然後就可以辦理過戶，找個代書就解決了。

然而，世風日下，現代人買房哪敢輕易漏掉這個環節？**不管是買預售屋、新成屋、中古屋，通通都要有履約保證**，把錢放在銀行（公正的第三方），才會覺得安心。

因此，**不管驗屋是否存在一種「信**

任」問題，這也象徵著整個購屋流程的健康化，就跟履約保證一樣，驗屋已經演變成最後一個關卡。

當賣方告訴你：「房子好了，就可以點交了。」可是大部分的人沒有太多買房經驗，只有到現場看一看，等到賣方說：「好了，房子就交給你了！」這才發現好像這裡有問題、那裡也有問題，卻不知道要找誰處理，或者自己也不清楚房子到底有沒有問題。

於是，因應這個需求，出現了「驗屋公司」，意即幫你檢驗房屋上上下下、裡裡外外的角色。

🏠 中古屋驗屋，攸關買賣三方共識

若是購買中古屋，大部分都會透過仲介，此時就會考量仲介的中立性，攸關是否需要驗屋，然而過程中若有什麼事情，是否就由房仲公司出面處理？

這裡牽扯到情、理、法，好多不同的層面，對於房仲來講，他是作為兩方的橋樑，當然也會告訴買方：「我已經跟賣方確認過了，這裡不是凶宅，也沒有漏水的問題！」凶宅部分，今天暫且不論，我們單純來談漏水這件事。

有時候賣方可能不是故意要隱瞞，他也不知道房子有什麼問題，自己住的時候好好的，甚至有些是裝潢起來，房子賣出去以後，才發現原來有一些問題，不一定是漏水，可能是給水系統或者是電力故障，此時才發現原來問題那麼複雜，卻沒有人可以幫上忙！

因此，**美國大部分的州已有明文規定，一定要在中古屋買賣過程當中，提供驗屋公司的報告**，這份報告可以幫助雙

方在合理的價位上，得到買賣三方（買方、賣方、仲介）的共識，重點是銀行端也可以依照這份報告，提供貸款成數。

這是一個比較高的境界，因為現在中古屋的買賣，銀行貸款主要是看地段，也不管到底在哪一棟大樓裡頭，我家裝潢得比較好、維修得比較好，隔壁棟的哪些樓層做得比較不好，銀行只要認定在這個地段，就提供這樣的房貸，幾乎都是以地段的價值進行評估，而沒有能力去做驗屋這件事。

可是在美國，他們把驗屋當作是必要的條件，我認為對於各方來講，都是一件好事，當然驗得越詳細越好！

🏠 新成屋的驗屋，重點放在防患於未然

以新屋來講，就更需要驗屋了，因為新屋賣方就是建設方，理論上沒有中立的房仲來當橋樑，賣房子的人如果發現瑕疵，可能就會有所隱瞞。

這裡面談到各種建商不同做法的時候，其實有時候也有一點點感慨，我們跟建商買個幾百萬、上千萬的房子，他們在點交的時候，可能預想買家若是發現哪裡有瑕疵（例如：五金配件沒有鎖好、牆面沒有油漆完整等），卻用一種──「到時候再來修就好，反正買方看到什麼，我就改什麼，沒看到就過了」的不合適心態。

我覺得這樣的做法是不對的，換句話說，當驗屋公司的角色出現時，會讓人覺得：「你就是來挑毛病的！」呈現出一種對立關係。

我經營房地產的專欄，寫了這麼久、寫了這麼多，一直關注「防患未然」這件事，不是說挑出的毛病越多，我就越

高興，並非以這樣一個負面觀點作為切入點。

這次因為朋友們的邀約而被迫「斜槓」，我也希望講清楚，**不要把驗屋當作是總要找一個人來挑毛病，挑的毛病越多，大家就越高興，事實正好相反，如果大家都做得好好的，降低驗屋和後續修整需求，不是更棒嗎？**

🏠驗屋公司角色，房屋健康的守門員

我常常跟朋友們聊天時，談到驗屋公司其實比較像「健康檢查」，意思是說，我不是醫生，無法直接告訴你：「不行，你的血脂太高了，所以你要怎樣、怎樣處置……。」只能運用一些儀器和設備，包括我們的專業技術分享：「你可能患有三高，可能椎間盤突出了……。」提供一個公正客觀的第三方資料給你，要不要修、要不要改，或者是坦白講，究竟有沒有構成問題，都由你個人決定！」

因為就算是建商的牆面沒有漆好，導致坑坑疤疤，但是你也許覺得沒有關係，反正全屋都要裝修，牆面狀況是在可接受的範圍。

但是萬一那些沒有要裝修的人呢？他們可能根本分不出來，以為油漆完整度就是這樣子，等到開始要裝櫃子或是家具進來的時候，才發現：「哎呀！這個櫃子也沒有辦法靠牆，兩邊還有縫隙！」到時再來討論這件事情，不是更麻煩嗎？

因此理論上，**如果先找出問題的話，在還沒裝潢之前先處理，對建設公司也是比較省事，萬一裝潢已經蓋上去了，半年後漏水，那又是一個糾紛。**

🏠水電的驗屋，內行人一眼便知有沒有！

一般的集合住宅，真的是一個非常複雜的工種或產品，以水電來講，我想沒有任何一個建設公司想要把水電做不好，因為水電的維修很麻煩，可是一棟集合住宅可能有 100 戶完工，能確保所有的落水頭、水龍頭、管線，通通都沒有問題嗎？有時候也很難講。

因此，我認為在交屋前，至少先確認水電的部分，是必要的一環。

因為**建設公司的營造發包，也是找一個水電下包，再由包工去找水電工班，而這些水電工班的資歷跟經驗，可能會有所落差**。表面上看起來當然沒問題，但是內部有沒有問題，那可就不一定了。

在沒有驗屋公司之前，我想大家買賣房子，不管是新屋也好、中古屋也好，查看給排水的方式，就是把水龍頭打開，然後沖一下，觀察流水和洩水的速度是不是順暢，就這樣結束了。

可是實際上在使用的時候，並非如此，有的人太過，就要給它開個 10 分鐘，如今是缺水的時局，不免覺得頗為浪費，而有些人則是開一下評估有進水和洩水就好了。

現在的驗屋真的很像人體檢查一樣，採用「內視鏡」觀看水管的內部，把鏡頭伸進去，確認有沒有阻塞。

各位可能會想：「新房子阻塞什麼呀？」因為施工多人經手，有些人為求方便，可能在施工過程中遺下水泥或是一些污損物等等，當我們使用水管檢查排水／給水好像沒事，

可是一旦用內視鏡檢查時，就會發現裡面掛了很多水泥塊，甚至有一些雜物，可能已經有50％阻塞。

因此檢測的時候，感覺水路還是相當順暢，但搞不好住一段時間就會堵住了。我們當然不希望發生這種狀況，可是不可避免地，往往就有這些情形。

再講到電力的部分，現在的電也非常複雜，有110、220伏特（Ｖ），有些人買了新屋，想要「客變」，就把這條線拉到那裡、那條線拉到這邊，如果沒有經過仔細查驗的過程，只是拿顆燈泡放上去：「好，它有亮！」裡面的瓦數或是接線的部分，可能都有問題。

我們最常做的一個檢驗就是打開配電箱，如果發現配電箱裡的線接得亂七八糟，那麼這一家就要仔細檢查，因為連一個配電箱都很混亂，配線都排不好的話，以小看大，整體水準肯定有問題。這也是為什麼買中古屋，有些人會強調要水電重拉，這個就是原因。

其實我們也**不鼓勵所有新的水管、水電，通通埋在水泥裡面，這已經是過時的方法，因為一旦埋進去，遇到需要維修的時候，就會變得相當複雜。**

所以遇到水電需要重拉，我們也會鼓勵明管、工業風，盡量減少這種以後可能產生問題的方法，就是要讓消費者知道——我到底買到什麼樣的房子。

此外，現在新的馬桶已經不是密閉式，前面有做一個小開口，萬一堵住的時候，自己拿一個鐵絲勾一勾就通了。這就講到另外一個問題，因為現在的人對居家用品比較追求名

牌，他們認為這是一種享受，所以有人或建商會在裝潢的時候要求：「我用一顆進口馬桶，非常時尚漂亮，整體造型怎樣……。」殊不知它可能比較容易堵塞。

我們在檢查時，也可以看得出來，建商是否有針對不同的建材設備，還有不同的維修或是裝置方法，才不會造成搬進去以後，需要維修的地方多不勝數。

🏠 驗屋等於房子的健康檢查，努力與建商達成雙贏

不過，以驗屋公司的標準，通常會拿一些基本配置圖進行比對，絕對不是用肉眼或是儀器稍微檢測就好，還要比較當初施工有沒有確實，這些都是驗屋公司要做的事情。

但是對於我而言，我一直不想把驗屋單純視為只是一門生意，驗屋這件事情就像「健康檢查」一樣，還是有很多人覺得說：「沒有關係，我身體很好，只要有事情，就去看醫生就好！」我覺得也無可厚非，但是有人就會相當在意，覺得**我要定期檢視房屋狀況，總是要知道自己到底買到或住到什麼物件。**

因此，我鼓勵驗屋，然而重點是建設公司或賣方千萬不要認為反正有驗，等你驗了以後，驗出問題，我再來處理，你沒有驗出問題，我就當作沒這回事，這也是不健康的心態。

我所期許的美好願景是一起讓產業更健康，共創雙贏，所以建設公司也要全力配合驗屋公司，提早找出問題，在還沒裝修之前，維修都還是很方便的階段，讓買賣雙方，都能夠真心滿意。

🏠 誰可以來驗屋？驗屋師的標準建立

當然也有朋友會問：「到底誰可以來驗屋？」

除了有一些儀器、設備的輔助以外，真正能夠做驗屋的工作人員，不管是土木技師、水電技師，或是擔任工地主任，都需要有相當的經驗，更要具備相關證照，我覺得這些都是擔任驗屋人員非常重要的基本條件。

但是**現在並沒有所謂「驗屋師應該長什麼樣子」，所以我們也結合一些業界朋友們共同思考，是不是需要一個協會，或是一些什麼方法，讓「驗屋師」這件事情可以有一個「標準」來依循。**

我知道有很多的同業在努力這件事情，因為我對房子的事情很感興趣，也希望用一個概念式來推動驗屋的需求，接下來勢必要建立一些標準，才不會說我驗得越多，就代表我越專業，事實上並非如此。

這就跟汽車保養一樣，分為 108 項保養、大小檢查，中間就有個標準，如今的驗屋剛成為一個新趨勢，很多標準還需要業界共同努力，而且這個環節牽扯到非常多的專業人員，包括剛剛提到的裝修前、裝修後，如果覺得仍有問題，到底要請誰來判斷這個裝潢師傅、那個設計師，有沒有按照當初合約給予相符的建材，做出符合的設計，其中的判準，就需要更為精細的檢驗。

再回過頭來，談到新成屋的點交方面，現在因為設備的複雜度，更需要驗屋公司「顧頭顧尾」，加上房子動輒千萬或以上，所要查驗的細節也就更多了。

🏠 驗屋流程，和驗屋所需時間

　　驗屋是以每一次的案場，以一般集合住宅來講的話，大概都是一個半小時到兩個半小時之間，根據坪數的大小來計價。

　　因為沒有辦法驗到公設，假設一般室內面積，在 15 到 20 坪左右的話，也許驗屋的費用大概是一萬到兩萬，甚至更小一點的範圍的話，可能連一萬塊錢都不到。

　　然而，當我們都買了 1,000 萬的房子了，只需要花一點點的錢（可能只有 0.1%，連 1% 都不到），就可以讓自己住得更安心，我認為是一個必要花費與投資。

　　驗屋工作最後會出具一份驗屋報告，跟健康檢查很像，並且把紅字的部分逐一拍照，比對提供出現什麼問題、產生的狀況又是什麼，**買家或屋主可以依著這份驗屋報告，決定是不是亟需解決的問題，如果是問題，就需要維修；如果不是問題，至少也能心知肚明，**我知道這個房子某些地方可能有問題，但我就是不想要重新油漆，在那兒擺個櫃子也是一種做法。

　　因為並非所有的缺點都需要維修，就跟健康檢查報告一樣，不是所有的紅字，都覺得好像很嚴重，必須趕快處理。但是它會讓你知道，你的房子（身體）到底長什麼樣子，有哪些需要特別留意的地方（部位），作為未來定期觀察、持續追蹤的選項。

　　當我們越瞭解自己的房子，越能夠幫助自己做出正確的決策，至於要裝修到什麼程度，就看個人了。有些人喜歡買

現成的家具，因為擺放家具跟裝潢固定還是有不同，一切因人而異。

很多建商心裡可能會認為：「哎呀！反正你都要裝修，跟我買這麼貴的房子，這個地方隨便做做就好，到時候你還是會用裝修去處理它！」千萬要杜絕這種心態。

我希望用驗屋的角度，回過頭來讓建商從做好規畫開始，在興建的過程就要讓各個層面、各種細節達到基本水準，讓整個產業良性化、正常化，往健康的方向持續發展，才是共好的結果。

驗屋標準，驗屋師的證照

關於這部分，也考量到未來是否建立一些驗屋的標準，跟驗屋師的證照。如果大家越來越重視的話，政府相關單位未來應該要朝此方向推動，才有機會達成共識。

現在買賣雙方難免偶爾有對立關係，我也希望透過自身努力，不管是在媒體界，或是在這個行業裡面，**站在一個比較公正客觀的立場，把一些買房訊息，或是如何挑選好房的資訊，告訴更多的朋友，這才是我覺得比較開心的事情。**

而且對於正常的建商，他們肯定是坦然面對，因為一定是驗得越詳細，對它的品質越有認證，口碑也就越好。如果檢驗了一大堆項目都沒有問題，變相也是一種廣告宣傳，只有不良建商才會不希望驗屋。

我們當然希望建商把「交屋」這件事情，看得更嚴肅一點、隆重一點，把每個房子都整理好，才交給消費者。

以前買房子是把點交當作走一個過場，往往稍微點交一下，完畢之後送上一份「交屋禮」，再告訴購屋者：「後面要是有問題，還有維修保固！」就算大功告成。然而入住的同時，其實自己什麼也都搞不清楚。

　　因此，未來期待驗屋程序能夠越來越精準，讓它變成是一項不可或缺的專業，期許大家都夠開開心心地入住好房！

朱承天
Rosida

PART 1

驗屋攻略標竿｜
Let's Go ！
一起探索房屋檢驗深水區

因應新的消費需求，就有新的市場機會。我便思考，過往的各種營建「實戰」經驗，若是能夠有機會做更大的發揮，豈不是美事一椿？

所以開始動心起念，進一步瞭解有關驗屋這件事情，而有了這整件事的開端，2023 年 5 月我成立了「標竿驗屋科技公司」，成了房屋健檢的守門員，期許帶領民眾買好房、住好屋。

驗屋的水到底有多深，就讓羅姐身先士卒，帶著大家一塊深入挖掘吧！

1-1

驗屋水很深？
羅姐開門說亮話

從消費意識抬頭，檢驗儀器和設備科技的進步，逐漸形成在購屋完成後的點交作業，找個專業的公司來幫忙，似乎是一件「應該要做」的事情。

🏠 成立標竿驗屋，踏入地產業？

因緣際會下，我在 2023 年 5 月成立了「標竿驗屋科技公司」，在此正式跟各位讀友，報告一下這件事情。

距離開始寫第一篇「羅姐談好房」專欄文章正好 3 年整。若說，羅姐終究還是踏入房地產業，是前面醞釀鋪梗這麼久，我是不認的。

哈哈，因為那也太大費周章，而且還以這樣一個很小的項目切入。何況，**驗屋這件事，到底算不算是龐大和廣義房地產業鏈的一環，都還有待商榷！**

到底為何要成立驗屋公司，當然是有原因的，一定要說明一下。之前經常說，我有很多營造及建設相關工作經驗，但是開始寫「羅姐談好房」專欄，真的是想從媒體的角度，抒發一下我的觀點，報導其他人可能沒注意到的事情。當時正好碰上桃園的青埔起飛發展，不僅房地產活絡，也受到其他地方很高的關注。

簡單來說，寫作就是回到從事新聞媒體的初衷，我是真的很愛寫東寫西，不然不會在疫情爆發前 4 年，只因為常跑歐洲，陪同先生在德國出差、長住，就寫了兩本零售旅遊書──《德國市場遊

歐陸零售筆記：可以學 x 可以看 x 可以吃 x 可以買》、《零售
點睛術：美西 2,500 公里 x 歐洲 8,000 公里的商機科普筆記》。

後來，因為疫情加上前述原因，開始寫「羅姐談好房」
專欄，迄今已經有十餘萬字的文章在臉書社團發表，篩選當
中部分內容集結成書，出版了《羅姐談好房：行家引路 x 竅
門破解 x 實戰入局 購屋自住私房秘笈》，獲得不少好評。

🏠 房屋點交，請讓專業的來！

**但是驗屋這件事，有大環境和小環境的因素，就促成驗
屋公司的成立。**

首先，驗屋是個相對比較新的概念，過往的購屋交屋，
大多會找比較有經驗的親朋友好，一起幫忙看一下。我也扮
演過這種角色很多次。但是從消費意識抬頭，檢驗儀器和設
備科技的進步，逐漸形成在購屋完成後的點交作業，找個專
業的公司來幫忙，似乎是一件「應該要做」的事情。

以大部分消費者購屋總價 1,000 萬來舉例，驗屋費用大概
花費約一萬多，由專業人員出馬，以科技儀器協助，最後還
有一份針對這間房子的專案檢驗報告書，整理看來應該是頗
為值得。

既然是新的消費需求，就有新的市場機會。那麼，我過
往的各種營建「實戰」經驗，若是能夠有機會做更大的發揮，
豈不是美事一樁？

所以開始動心起念，進一步瞭解有關驗屋這件事情，而
有了這整件事的開端。驗屋的水到底有多深，就讓羅姐身先
士卒，帶著大家一塊深入挖掘吧！

驗屋又不能解決問題，幹嘛做？

驗屋以後得到一份報告，就像去做健康檢查一樣，沒有診斷、沒有開藥，呈現出一堆紅字或藍字，接下來還是得看我們自己！

🏠 從親朋好友，到找水電工程師

當要做一個重要工作決定時，我的習慣會從「to be or not to be」，開始全面思考。

這不是像莎士比亞的名劇《哈姆雷特》，說的是猶豫不決或是陷入兩難的意思，而是要從正反向都思考一下，才比較清楚知道要面對什麼狀況。

如同企業內的現況分析，要包括外部的機會、威脅，以及自己的優勢、劣勢。簡稱「SWOT」的做法。

設立驗屋公司之前，這些功課當然也都做了。我不是要把它照本宣科跟各位讀者報告，而是挑選了其中很多人也都有的疑問來闡述一下：「到底驗屋要幹嘛？」

以前的房屋買賣要交屋時，最怕就是碰到漏水，或是管線等等問題，不管新舊房屋都一樣，所以我們會找認識的親朋友好友，一起幫忙相驗。

還有一招就是直接找「裝潢公司」或是「工程公司」（水電包工），反正就是要給你修，給你做後面的工程，我們就會說：「老闆（設計師），你過來

裝修美美的成果，也是要從精確檢驗開始。

一起看啦！順便討論一下，哪裡要修繕、哪裡要裝潢，到時候也比較好估價！」

　　以上做法也相當常見，甚至比不明不白就交了屋，後面才發現大小地方都要花大錢，既安心且實際多了。

🏠 有沒有更好、更專業的選擇？

　　但是這些做法，卻有很多不夠完善的地方。

　　前者找了親朋友好，不僅對方有「責任壓力」，萬一有問題，不夠熟識或不夠專業，可能反而打壞雙方關係，何況自己也不好意思「檢核」對方有沒有看漏。

　　後者找施工廠商，他們可能只關心要處理的部分，其他部分是順便看看。或是**看出來的問題點，就是要報價修繕，到底嚴重程度如何，有時難免也可能不夠客觀。**

如今，有所謂專業驗屋的環節出現，解決了上述大部分問題，卻產生新的疑問：「驗完以後，又不能解決問題，只給一份報告書，我還不是要去『解決問題』，豈不是多此一舉！」

　　這樣的說法其實也沒錯，驗屋以後得到一份報告書。然而，我覺得，這就像去做健康檢查一樣，沒有診斷、沒有開藥，報告只呈現一堆紅字或藍字，接下來還是得看我們自己！

　　要不要注意？要不要調整？或真的已經是很嚴重的紅字，就直接轉門診的狀況也是有的，更甚者是馬上發現重症，也時有所聞。（驗屋表單確實很像健康檢查時的項目，都是需要逐項逐條來一一確認。）

　　住家房子就像人體一樣，有新有舊，有新傷也有痼疾，假使透過一個「只有報告」的專業服務，或許不能真正「解決問題」。但是能夠「發現問題」，應該就是解決問題的開始了！

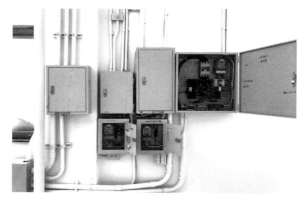

電箱是否整齊，其實也可以略窺施工品質良莠。

有拜有保庇，有驗有安心？

🏠釐清驗屋流程，「理直氣壯」投入新領域

看到很多宗教活動熱鬧滾滾地展開，例如媽祖出巡，可以說非常轟動。信仰給大家帶來的安定力量，讓很多人都會參與這樣的宗教盛事。因此，不管信或是不信，有一句話是這樣說的：「有拜有保庇。」

說回來驗屋這件事，也有點類似這種情況。不是說跟信仰有什麼關係，而是我的工作習慣，希望將驗屋環節闡述清楚，在地產買賣的過程中，能夠扮演什麼角色，發揮什麼作用。不管是要撰文評論，或是真的自己從事這個行業，才更能「理直氣壯」！

一個觀念或是行業的推廣成長，大致可以分成萌芽期、成長期、成熟期，後面可能是飽和期和衰退期等等，直到碰到下一個契機或轉變，能夠展開下一波或另一波的成長。目前驗屋應該是在所謂成長初期。

或許很多人對於我設立驗屋公司會這樣說：「好多人在做這一塊，那就表示一定可以做！」這句話當然對。相比於其他市場先行者，我又不是排在前面

為何跑出專業驗屋的需求？是因為上手不夠用心蓋房子，下手本來就活該？還是大家互相彼此不信任？你亂做，我亂要求？不挑毛病，怎樣要好處？還是隔壁做，我也做？

成立驗屋公司，只是推動驗屋概念的環節之一。

的。但是這樣看法的「隱憂」，不免就會擔心以為撿到寶，那麼大家都來做，然後可能就會像手搖飲一樣，滿大街開開關關，出現很多新品牌，而使原有品牌腹背受敵。

當然，拿驗屋跟手搖飲店相比並不恰當，畢竟驗屋行業具有專業度，門檻更高、市場更窄。這裡只是舉例，市場本來就會有一窩蜂現象，既然不是要做「人云亦云」，那麼，**我期望選擇要「驗屋」的消費者，不要「有拜有保庇」的心態。**

也就是說，我希望大家都仔細想一下，為何會跑出專業驗屋的需求？是因為上手不夠用心蓋房子，下手本來就活該？還是大家彼此不信任？你亂做，我亂要求？不挑毛病，怎樣要好處？還是隔壁做，我也做？**或是賣房子就是「不想輕易告訴你缺點在哪裡」？買房子就是「碰碰運氣」？**

🏠 專業第三方，為購屋者安心把關

看過我其他文章的讀友，大概已經發現我是一個「很有理想性」的人，看事情喜歡看正面，也相信「只要努力往陽光走，陰影就會在背後」。

我不是不知道會有上述狀況，也不是說樂觀到認為一個驗屋就能改變整個產業，或是整個社會缺乏信任的氛圍。

但是，總是要有人做吧？我只不過走在一條現在很少人，之後一定很多人的路上，想要透過驗屋，**表達買賣房屋的過程「不是什麼都有做就好」，而是要能夠「努力和專業並進」，並且期望做到雙贏、三贏。**

最後講回是不是「有驗有安心」，答案或許是肯定的。畢竟絕大多數的購屋者經驗有限，而這又是購屋者這輩子最大的消費和投資，在交屋過程中，若有專業的第三方給予協助，肯定是有幫助。

我只是要強調，不是想著只把驗屋當跟風，而是要認真思考，哪些事情可以「想在前面」、「做在前面」？像是對預售屋來說，選擇品質或是口碑好的建商、施工期間關心工地管理跟興建過程、買賣時挑選比較正規和專業的房仲品牌跟人員、決定物件能夠客觀審視自己實際需要和負擔能力等等，這些都比「找驗屋公司」來得重要不知多少倍。

我是投入驗屋這個行業了，但是這個產業從最源頭的選地、設計和規畫，我都一樣會持續關心，並繼續發表我的意見和建議。

1-4 怎樣選擇好的驗屋公司？

如果找 A 和找 B 來驗屋，並沒有相差太多，那麼是不是越便宜，越划算？或是越貴，越高檔？其實都不是。

🏠 **驗屋產業才開始，挑選首重三原則**

「如果想要驗屋的話，應該怎樣挑選驗屋公司呢？」讀友問我。

其實這是個很難又很容易的功課，我一向實話實說。這個小產業，可以說很難有什麼「獨門秘訣」，如果發現了一個實用的儀器，你買、我也可以買。至於人員，有些證照和經驗，也不是有太大的差異化。

或是說，**證照不代表很有經驗，有經驗也很不容易量化**。所以現在有很多不錯的驗屋公司，如果因為各種因素，選擇其他同業，我認為也是不錯的考量。羅姐並沒有非要堅持，我比其他人厲害到哪裡去！

依照這樣的狀況來講，其實找 A 和找 B 來驗屋，並沒有相差太多。那麼是不是越便宜，越划算？或是越貴，越高檔？其實都不是。正因為驗屋產業才剛起步，所以目前從事驗屋工作的公司，也來自很多方向，甚至只是兼著做，例如：水電公司、裝潢公司、工程公司等等。我認為幾個挑選驗屋公司的重點，可以分享給各位讀友參考。

🏠專業性、儀器設備、實務經驗，缺一不可

首先，當然還是要看專業團隊，是否為你認為的專業？不管是工作經歷或是團隊組成，即便我對自己的專業有信心，也要看消費者是不是認同。

其次，前述提到的儀器、設備，目前成為驗屋公司必備的設施，就像健康檢查一樣，有些比較新的儀器，也比較容易看出隱患，但是也不是只憑儀器，那就失之偏頗。**儀器的操作和使用，還是需要有實務經驗的人互相搭配。**

第三，所謂有實務經驗，因為建築物需要的總和經驗項目繁雜，是水電／鋼筋／機電，還是給排水／牆面／地坪／門窗，加上地工或是管道間、消防和電梯等等。到底要多熟悉和瞭解這些工種，才算是有實務經驗？

現在驗屋公司人員，都說是要一大堆的證照輔助，證照當然越多越好，但是若要具備總和經驗，恐怕首推「工地主任」的經驗更為重要。

🏠產業一起變好，購屋者更有保障

最後一點很無形，卻很關鍵。那就是理念跟策略。

一開始要做驗屋公司的時候，很多朋友告訴我：「你要站到建設公司對立面啦！」咦？我寫「羅姐談好房」專欄3年，我有站到房地產業的對立面嗎？那不是我的本意喔！我又不是爆料公社，絕對不做那種「吼，被我抓到了吧！」撰文模式。

雖然3年來，從建設公司、代銷業者，一路到房仲朋友，老是有人說我像吃了「誠實豆沙包」，什麼都敢批評一番。

但是，**我的中心思想，還是希望透過更多的溝通、彼此的理解，從圖面設計就可以提前預防疏失，讓這個產業越來越好，使購屋者可以得到最好的保障。**

　　回到驗屋的概念也是如此，如果驗屋只是來「挑錯」，挑越多錯，才是越專業，才能夠讓建設公司「害怕」，我覺得那可能真的會變成「問題製造者」！

　　我是希望能夠做個「問題解決者」，所以趁此機會分享驗屋要有點出問題、有助解決的概念，才是對的方式。

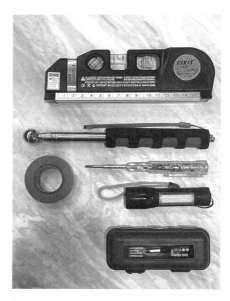

儀器的操作和使用，還是需要有實務經驗的人互相搭配。

1-5 驗屋項目，不是越多越好？

🏠 **驗屋決策，別掉入專業坑**

什麼東西越多越好？幸福指數、投資獲利？通常正向的項目，大家都希望越多越好。當然，這又不是寫心靈雞湯，告訴大家要懂得知足常樂。

我只是因為自己開始踏入驗屋這個行業，實在是有感而發。所以，這篇想要分享兩個「不是越多越好」。

第一，檢驗項目，不是越多越好。很多購屋者想要找驗屋公司時，會有一個迷思，花同樣的錢，當然要挑能夠檢驗越多的公司。常常有人打電話來就問：「XX 公司這樣的價格可以檢驗 27 項，只要多加 XX 元，又會增加 X 項。」我們就要花很多時間去比較和說明，「他們的這項」跟「我們的這項」哪裡一樣、哪裡不一樣。

買東西多方比較是合理的，嫌貨才是買貨人。但是購屋者在做驗屋決策時，若是太拘泥於檢驗項目多寡，有時會掉進另外的「專業坑」。

每一家驗屋公司的分類方式可能有所不同，甚至在敘述說明時，也可以特意寫成不同項目，其實是在做一樣的事情。若為了消費者只看總數，難道要故

或許我可以為了迎合購屋者，反正你想要，我就加上去，但是其實是沒必要的做法，我也同樣直言不諱，這才是想要建立驗屋標準的態度，不是要隨波逐流。

意把一個項目拆成五個項目嗎？

此外，不一定每一個項目都有其必要性。舉例來說，有一家同業新增「室內空氣品質檢測」，就難免令人納悶。以一間新成屋來說，窗外是「大馬路」跟「靜巷」，或是檢測時「開窗」與否，空氣品質應該就有差別。那麼要檢查「這個項目」的目的性，到底是什麼呢？有些建案「沒有開窗」也可以當「多一個房間」賣的設計，檢查結果跟「有開窗」的比較，「沒有開窗」的空氣品質自然不好！

還有兩種檢測，也是屬於「加減做一下」的類別，例如甲醛和電磁波，這兩者和購屋合約其實都沒有直接關係，如果都還沒有裝修，甲醛就是僅供參考，應該要在裝修之後、入住之前來檢測，才比較重要。電磁波也是一樣，測量結果也是僅供參考，有些外部環境影響也很難改變。絕大多數的空屋內，也很少有電磁波問題。

或許我可以為了迎合購屋者，反正你想要，我就加上去，但是其實是沒必要的做法，我也同樣直言不諱，這才是想要建立驗屋標準的態度，不是要隨波逐流。

🏠 STOP！不健康的驗屋觀念和模式

第二，檢驗缺失，不是越多越好。當然，沒有購屋者希望自己買的房子，問題一大堆，多到「罄竹難書」。但是會跑出另外的心態，同一個社區交屋，你找 A 公司檢驗，報告說有 100 多項缺失，結果我找 B 公司檢驗，只有 60 項不到。好奇怪啊！會不會有沒有檢查到，或是檢查漏掉呢？

也因為這樣，**有些驗屋公司「學會」多做就不算錯，列**

的缺失越多，表示「我越嚴格，也越用心」，搞到建商的營建工程人員，看到驗屋公司就滿臉嫌棄，覺得你們就是要來挑毛病！

以上這兩種都是「不健康」的狀況，對於買屋、驗屋、交屋這三方來說，無法達成三贏局面。

其實驗屋還真的是最小的一部分，重點是對於購屋者，若無法真正得到實質好處，千萬小心不要掉入「越多越好」的陷阱裡。實用好住，能夠得到好房，才是購屋的根本目的！

檢驗時採用燈光輔助，可以更好地確認施工品質，透過詳細記錄作為後續修繕的比對。

以前交屋是屋主帶著室內設計師或有經驗的朋友參與點交工作，如今卻出現「驗屋公司」，這樣是不是就把原來複雜的事情，變得更複雜了呢？

🏠參與驗屋的「建商」，不只有一個單位

接下來我會用不只一個篇幅，來討論「建商」如何看待「驗屋」這件事。首先，要釐清這篇所說的**「建商」，不是指負責推案的建設公司，而是指參與交屋作業的一連串相關單位。**

從代銷公司開始，如果一個完整的大型建案，最後還留有一些要等著銷售的成屋，有時的交屋作業，代銷公司也會有人參與，甚至當初賣給你房子的那位業務；其次，可能是建商的銷售或客服部門，在預售屋興建過程中，因應客變或是收款等工作需要聯繫，這時就會變成窗口，逐一跟要交屋的購屋者對接聯繫。

再來，重頭戲一定是「建商的工程或是營造單位」。基本上，真正在「蓋房子」的是發包出去的營造公司，有些營造公司也是建設公司百分之百轉投資，或是固定給集團內的營造公司處理，所以才會給人「渾然一體」的錯覺。

實際上參與交屋流程，並不是直接蓋房子的營造單位。到了交屋階段，有時會發包出去給營造小包，或是某些工

種已經退場，所以參與點交的工程部門，不一定會把交屋時發現的問題，找原來做不好的廠商來處理，而是自行另外發包，或是直接交給點工處理。

買過預售屋或是新成屋的購屋者都知道，要進入交屋階段時，特別是在點交作業，建商一定有一套作業流程跟參與團隊。

🏠 交屋，沒有耐性是做不到的！

我曾經在一個大集團的營建事業部工作，參與超過 2,000 戶大型建案交屋作業。我負責的是「實品屋展示裝潢」及「配合廠商整合」，對建商而言，「交屋」是十分重要的工作。

然而對營建部門來說，交屋是大家都不喜歡做的事情。工地主任都喜歡開荒（就是一個建築工作開始），卻不喜歡收尾。前者不僅大開大闔，自己可以決定怎樣做，但到了收尾階段，事情就很瑣碎，不僅要處理每一戶的個別問題，還要針對不同工種做很細的監工、調度，沒點耐性是不容易做好的。

以前的點交是先聯絡好屋主，可能屋主會帶著家人、比較有經驗的朋友，或者請室內設計師一起陪同，來參與點交工作，可能就會看得比較細緻，畢竟交屋後，就要換室內設計進場。

如今，卻跑出來一個「驗屋公司」，這樣是不是就把原來複雜的事情，變得更複雜了呢？

⌂ 尋求驗屋公司幫助,是購屋者的權益

我們在參與客戶的驗屋作業時,遇到很多不同建商的態度跟做法,提供給大家參考。我再重申一下,這裡的「建商」,不是指某個建商,甚至連建案負責人都不算,可能只是對接窗口個人的態度。

曾經碰過某建商的營建部門,詢問驗屋公司有什麼證照可以來驗屋?或是想用人數限制,讓購屋者無法尋求驗屋公司幫助,這種「要求」的確有點奇怪。

人數限制是怕購屋者找了一堆人,擠滿房子嗎?要清楚知道驗屋者有沒有「資格」,也是徒增困擾吧?那麼驗屋公司要假裝是購屋者的「親友」嗎?

這樣的應對,其實表示參與交屋工作的人員,並沒有做好「驗屋公司」會參與交屋的準備,**但這不只是未來的交屋趨勢,更是購屋者的權益**,或許以後建商在組建交屋團隊時,主動把「可能有驗屋公司」一起交屋這件事考慮進來,不管是動線、流程、記錄,甚至維修之後的複驗,也要一併加入考慮,這樣才是比較完整的作業模式。

反正還要再複驗，第一次就不用認真？

既然是「點交驗屋」，就是你要「點」，然後「交」給我，我相驗沒問題才要收，這是不同的程序，不可偏廢。

🏠點交驗屋，不可偏廢

在協助客戶驗屋時，會遇到很多突發狀況。舉例來說，我曾被建商相關人員「懷疑」專業度；還有目前不少社區在點交過程中，經常遇到的狀況，那就是「因為有驗屋，就可以不用陪同」的情況。

換句話說，應該要真正參與協助的建商人員，發現屋主有驗屋公司陪同點交時，居然回應：「既然有驗屋公司在，我們先去做其他事情，有事再叫我們，不然就等報告出來，有問題再修繕就好了。」

「既然有專業的驗屋公司出動了，我方怎麼解釋可能也沒有用，純屬浪費人力，乾脆去做別的事。」乍聽之後好像有點道理，反正重點是要維修到好，誰看似乎不重要？

我們還碰過，連屋主都會這麼說：「啊！那我去談一下貸款對保，你們先驗，反正有問題的話，你們再跟工務部門說，他們也會來修啦！我先離開一下！」語畢，留下驗屋同仁在屋內，傻眼地對看。

不管屋主有沒有全程參與，重點還是工務部門的參與。我認為，既然是「點交驗屋」，就是你要「點」，然後「交」給我，我「相驗」沒問題，才要「收」。這是幾個不同的程序，不可以偏廢。

究竟是一邊點，我們一邊驗，然後才輪到交，屋主再接手？還是先點一次，由驗屋公司（或是屋主）來相驗，最後再交接？這個部分當然可以有些彈性，以雙方的方便為主。

🏠建商好好做，一次到位最省時省錢

若是便宜行事，只有一方人員在場，很多問題到最後容易淪為各執一詞的情況，一修再修不打緊，可能下次來又沒見到缺失點，繼續等著、拖著，有些工種又不好找，沒有一次理到順，真的只會拉低效率。

這樣的情況在很多預售屋交屋的案場，應該也很常見，甚至有些建商抱持著「不可能一次就驗過，反正還要修繕」的態度，許多事情都等到複驗再做，只要爭取不要三驗就好。

這讓我想到，有一家同業在接客戶報價時，直接標榜：「我們含複驗，不另收費。」這是直接打建商的臉吧？還是以為消費者都會認為願意跑兩趟，所以「沒有功勞，也有苦勞」，別家跑兩趟還要計較出勤費用，所以對這家驗屋公司的印象會比較好？

雖然這只是行銷或是推廣手法，但是在系統裡面，很容易變成「先大概驗一下，反正要再跑一趟」、「先大概做一下，屋主又不可能一次過」、「還是要挑剔一下，畢竟複驗價錢都在裡面，不叫你再跑一趟是我虧了」的惡性循環。

理想上，我們希望建商要好好做，因為做一次最省時省錢，不要想著「留一點問題給屋主挑毛病」，也希望驗屋時，能夠發自內心的認為：「問題其實不多，這家建商做得很專業。」而不是「硬要多挑些問題，因為屋主有出錢」。更不希望購屋者把「我找了專業檢驗，然後發現問題，建商來修繕，驗屋再來看，所以我高興」作為一種「完美的點交過程」。

有時候一些產業會永遠存在，有些產業會隨著時間推移而消失，驗屋正是因應市場需求而出現。或許等到建商在修建時認真負責，進行點交都能夠彼此坦誠，**不再需要驗屋公司時，讓這個產業徹底消失，才是房地產業健康發展的終極目標吧！**

平常肉眼看起來完整的磁磚，其實需要檢驗才能確認有沒有空心問題。

1-8

建商規畫不好，讓我們有機會做生意？

驗屋只是一個過場，實際還是要建設公司能夠把一戶新屋，好好地、完善地、美美地交到購屋者手中。

🏠 **順利點交的關鍵，在於建商心態**

如果點交這件事，尋找專業驗屋作業是趨勢，那麼建商應該怎樣來看待呢？我想，這才是值得探討的議題。

建商的點交應該要讓不知道或是不瞭解房屋狀況的購屋者，能夠認識他花了很多錢買到這個「商品／資產」的過程；而驗屋公司就是扮演「陪你點交，讓你安心」的角色。

所以，能不能夠把點交順利完成，關鍵還是在於建商的作業和心態，另外，參與點交的相關人員是否能夠準備充分地面對購屋者的「期待」和「信賴」，也是重要環節。

建商在點交過程中，應該要有完整圖面、建物相關資料、客變資料（前後比對圖）等。參與的主管和人員，必須對於點交物件瞭若指掌，而不是以「被指派才來點交」的心態，到了現場才開始翻閱一大堆資料，當購屋者提出問題時，還一問三不知，需要尋求場外協助，或是回答得很敷衍、公式化。

如果是這樣的態度和作業，沒事也會變成有事。做不好的部分，購屋者很

難輕易相信，建商能迅速且有效地維修完畢。反過來說，若是準備越充分，就算現場有哪些細節真有疏漏，也會認為給施工單位後續調整一下，是理所當然的事情。

記得有次訪問一位室內設計師，他提到：「謝謝建設公司格局規畫不好，讓我們有機會做生意。」這當然是一句反話，同時提醒建設公司，其實圖面解決是最容易的事，就應該更努力讓格局好用，不要有「反正買房子要裝修，留給室內設計師去改就好」的態度。

🏠 建商與驗屋專業協作，達成購屋圓夢計畫

驗屋公司的作業也一樣。我不希望驗屋公司的存在，是因應建商應該做的工作而沒做好，所以才有驗屋公司的「生存空間」。**畢竟驗屋只是一個過場，實際還是要建設公司能夠把一戶新屋，好好地、完善地、美美地交到購屋者手中。**

正因為互為因果的產業發展，已經開始有建商乾脆把「驗屋」當作禮物，送給購屋者。不用派遣工務單位去面對購屋者逐戶點交，直接打包委託給驗屋公司，完成一份又一份的各戶驗屋報告，直接提供給購屋者，由購屋者自行比對，確認後，再統一修繕。

乍聽之下，好像這是驗屋公司的好生意，我們也很期待有建商乾脆把花在調度工務人員跟主管逐戶點交的人力、物力，發包給驗屋公司吧！我們一定有能力爭取這樣的業務。

但是，我的心態其實不是這樣的！**我認為，建商應該在點交之前，先找驗屋公司發現是否存在問題或缺失，先去維修處理後，才以更好的面貌，交給購屋者。**

「哈哈！你真的不會做生意欸！」聽到我的想法，朋友嘲笑我。不會做生意的我，最希望的其實是整體產業的提升與進步，而沒有「被我發現問題很多」的見獵心喜。

　　我在這幾篇文章中，點出一些建商的狀況，並不是故意要找麻煩，而是希望在驗屋點交環節中，若是無法讓形式和工種都很複雜的建物及設備，能夠把一次就完美無瑕當作目標，那麼，**彼此都可以從專業出發，一起努力促成點交這項作業，變成大家共同協助讓問題呈現，努力達成購屋者的圓夢計畫。**

屋頂的防水層通常是漏水的重要因素之一。

1-9

量測檢驗的基本理論

> 說實話，面不平，線不直，只要房子不會倒，還是很多人住在這樣的房子裡，但是我們要用比較高的標準來要求，對購屋者才是合理的保障。

🏠 **相同線路檢測，兩組人馬結果竟不同？**

這篇開始進入驗屋的深水區，來談一下到底要怎樣量測、怎樣檢驗？我想要談的屬於建物非結構性、非破壞性的檢驗，也就是驗屋公司可以做的部分，重點還是回應購屋者的實際需求。

最近有一個個案，由建商工務人員測出來的網路配置線路是通的，等到我們的技師重新檢測，卻發現線路竟是不通的！

「剛剛明明就是通的。」然而，陪同交屋的建商人員卻不肯認帳，覺得是我們的機器出狀況，或是判斷有問題。

雙方都堅持己見、互不相讓，最後決定把原來檢測人員找回來，這樣一來一回就耽誤了半個多小時。對於依照「人力小時」計算時間成本的我們來說，其實是有損失的。

事實上，不僅是網路線路而已，很多測量項目會因為時間差而有影響，所以到底要怎樣測？或是哪些時候需要重複檢測？這裡要說一個很專業的名詞——「Gage R&R」，Gage 是量具的意思，R&R 的意思則是重複性（Repeatability）

和再現性（Reproducibility），用來判斷量測系統是否符合我們的需求。

🏠量測本身，就是一種專業

「會找你們是因為買儀器太貴了，否則我也可以自己測。」有客戶竟然說：「我付的這筆錢，可以算是借用儀器的錢。」

「嘎？好像不是吧？」聽到客戶這麼說，我的表情管理還是不錯，但心裡充滿問號。

很多人看到驗屋公司的工作人員拿著儀器比來比去，以為這是很簡單的工作，認為只是靠儀器來測量東西，我們只負責記錄。**但「量測」本身，就是一種專業。**

如何判斷選擇的量測系統，是否真的符合我們的需求？如果不同的量測人員使用相同的量測工具，量測出來的結果會是一樣嗎？每次量測人員都必須量測好幾次，再從中找出合理數據，你覺得這樣的做法會讓人放心嗎？

簡單來說，不同人、不同時間測一樣的東西，結果是否會一樣？或是同樣的人、同樣的時間，測不同的物件，結果是否會一樣？聽起來像是繞口令，但是，總是要理解這樣檢驗量測，目的跟意義是什麼？

回到最基本的建物要求，撇開比較複雜的水電、機電等問題，也許 6 個字就講完了：**「面要平，線要直。」**聽起來很容易，**但可能要發揮日系職人精神，才有辦法完成全室所有檢測點的工作。**施工固然很複雜，量測也是很複雜一環！

說實話，面不平，線不直，甚至彈珠可以在地板滾來滾去的斜地坪，只要房子不會倒、屋主不在意，也還是很多人住在這樣的房子裡。但是我們不能因為這樣，就忽略不計吧？特別是建商剛交屋的新房子，當然要用比較高的標準來要求，對購屋者才是合理的保障。

驗屋工作需要靠團隊進行才能完成。

1-10

醫生怕治嗽、師傅怕抓漏！

「我如何知道它有漏水？」第一個當然是目測，再來是驗屋公司會拿著熱顯儀，去檢測所有角落，如果這塊地方的濕度有比較不一樣的話，就有漏水的潛在風險。

🏠「抓漏」困難點：回溯既往

我們常聽到一句俗話：「醫生怕治嗽，師傅怕抓漏。」意思是假設今天因為感冒症狀去醫院，醫生其實很怕治咳嗽，因為一咳起來就是沒完沒了，尤其在疫情的時候，常常會留一個小尾巴都治不好，所以醫生很怕治咳嗽，亦即這件事情很難處理、很難根治。

那「師傅怕抓漏」又是什麼意思呢？師傅指的是水電師傅，換句話說，今天換個水龍頭、重新接個線，對師傅來講，就是他的工作。可是如果你告訴水電師傅說：「哎呀！你幫我看看漏水的狀況。」通常「抓漏」這件事情就會是水電師傅的大挑戰，因為它是比較全面性的問題。假設今天水龍頭漏水，可能是墊片磨損，只要換個水龍頭墊片就好，這種清楚知道來龍去脈的漏水就不算困難。

「抓漏」的困難在哪裡呢？在一個不該出現水的地方漏水，例如牆壁突然有一塊摸起來潮潮、濕濕的地方，嚴重的時候還會油漆剝落、長壁癌，甚至可能有一點點滲水，這樣到底是怎麼回事呢？如果它後面有水管，我們就知道是水管漏了，如果後面沒有水管的時候，

又是什麼原因呢？此時就要全面性考慮所有因素了，可能是外牆滲漏，是不是外牆的磁磚有什麼問題呢？還是牆壁背後是浴室，所以是不是浴室哪裡漏了？這個位置如果往上一點，我們會擔心在家裡看起來沒事，是不是樓上漏下來？如果說它是在地面層，是不是排水管有什麼問題？

換句話說，從症狀到四周的情境、位置，甚至到程度，可能都完全不一樣，因此一個抓漏的師傅，他要往回溯源，這些事情有時候常常是查不出來，例如這片滲水，不免讓人起疑，**為什麼隔壁沒有滲水？在這個角落滲水，為什麼另外一個角落沒有滲水？水到底從哪裡來？這件事情對於所有水電的工程人員來講，都會變成一個大挑戰。**

🏠 熱顯儀，找到漏水關鍵所在

對於驗屋來講，每次提到驗屋的相關工作和話題，大部分的人第一個反應就是：「我知道！是來幫我檢查有沒有漏水！」修繕漏水是水電或是機電工程人員、工程公司在做的事情；如果是談知不知道有沒有漏水，或是來檢測有沒有漏水，可能就是驗屋公司要做的事情了。

漏水不能預防，因為沒有徵兆，所以無從預防起，例如有一些會在建築物做防水層，可以預防水氣，希望不要在這邊有滲水。所有的牆壁、浴室等所謂的給水區，也都會有防水工程，來預防漏水，這些都在興建的過程當中就有了。

我們今天來談的是：「我如何知道它有漏水？」**第一個方法當然是目測**，例如我們可以用眼睛看到哪裡有發霉、哪裡有壁癌。

不過，現在的驗屋要藉助儀器的時候，就會拿出「熱顯儀」，利用熱度、濕度來顯示出這塊地方有沒有問題，就像打電玩一樣，只要哪裡濕度不一樣，就會呈現紅色。

換句話說，**驗屋公司會透過熱顯儀，檢測房屋的所有角落，如果這塊地方的濕度比較不一樣的話，可能就有漏水的潛在風險**，只是還沒有滲到外面來而已，所以現在藉助儀器，就可以知道哪裡有漏水。

回到一開始提到的概念，漏水是最後呈現出來的狀況。透過熱顯儀可以知道這裡漏水、那裡即將要漏水，或者濕度可能太高，然而，到底「哪裡在漏」，又是另外一件事情。

但是要回溯這件事情，它又不同了，如果是管線漏，可以透過熱顯儀呈現出的紅色畫面，清楚看見一條線，表示整條管線漏水了。若是別的因素，熱顯儀只能看得出來某個點有問題，至於後面的原因是什麼，還要透過別的儀器、別的方法，甚至進一步請水電公司直接來修繕，才可以往前回溯。

此時，就回到前面提到的「師傅怕抓漏」。不管如何，漏水都很麻煩的一件事，我們當然希望大家住的房子裡面，都不要有漏水需要處理的問題！

陽台防漏水，防水範圍有多廣？

我們會在一些預售屋的合約裡面，清楚地告訴你：「本建物陽台沒有做防水層。」或是「本建物浴室防水層高度到 XX 公分。」這一點在那厚厚的預售合約裡面，常常會被忽略。

🏠 忽略「沒有防水層」，出現問題不勝其擾

對於房屋檢驗這件事，大家最在意的第一名，就是「漏水」！

在漏水發生之前，一定希望所有建物本身都能夠做好完整的防水層，畢竟颱風下雨都會影響到建物本身的耐水性，但是所有建物做防水這件事情，請大家不要認為理所當然！

我們會在一些預售屋的合約裡面，清楚地呈現：「本建物陽台沒有做防水層。」或是「本建物浴室防水層高度到 XX 公分。」這一點在那厚厚的預售合約裡面，常常會被忽略，因為我們比較在意的，通常會是坪數、權狀、隔間，甚至很多購屋者最在意建材表，他要知道建商用了什麼樣的馬桶、什麼樣的五金配件、大門是不是有指紋鎖等，卻忘記注意防水。

可是這一句「沒有防水層」被忽略了以後，後面會出現什麼問題呢？

🏠 輕忽陽台防水層，小心水漏到屋內

首先談到「陽台不做防水」這件事情。很多購屋者跟我說：「我當初想說

反正陽台就在戶外，不做防水層也無所謂。」如果很在意的話，到時候在室內裝修時，順便塗一個防水漆就好了。但這個想法是錯誤的！

如果陽台不做防水層的話，受到的影響可能不只是自己。陽台在經過大量雨水過後，除非排水孔或是洩水孔被樹葉塞住，否則很少會積水，透過洩水孔，就會把水漏掉，所以我們不覺得陽台防水有什麼重要。

但是不要忘記了，陽台不積水，水會往樓下流，那麼樓上呢？因為這是建商的統一合約，換句話說，樓上陽台肯定也是不防水，如果他又種了花草，管線被樹葉堵塞，是不是他的陽台就會變成有漏水的可能？

各位會想：「這樣也沒有關係啊，陽台在外面，就算樓上漏水也只會漏到我的陽台。」**通常連接客廳與陽台是落地窗，落地窗的上沿就可能會因為樓上漏水而遭殃，如果陽台沒有做防水，一旦漏水的話，水會從接縫處開始往下流，然後漏進室內。我想這是很多消費者可能忽略的細節！**

你可以站在一些中古屋的陽台抬頭看，就會發現在屋頂接縫的角落，若是有壁癌，就代表有漏水的可能。另一方面，如果漏水沿著外牆的牆面往下流，是不是對你的外牆又是一個影響？

我們常常會忽略這點，以為陽台漏水沒有關係，這邊要提醒購屋者，如果你看到建商的預售合約，寫著「陽台不防水」的話，我會建議真的多小心一點，不僅自己應該要做防水，以免害到樓下的人，對於樓上有沒有做防水，可能也要有心理準備。

🏠 多雨潮濕的台灣，浴室防水做到頂

如果陽台做不做防水是一件重要的事情，那我們再來看第二個防水重點——浴室。

通常浴室是所謂的給水區，給水區一定要做防水，只是端看防水的高度做到哪裡。 曾經看過一些新建案，浴室的防水直接做到天花板，四面都做了防水層，不管是馬桶上方、洗臉台上方、浴缸上方，又或是淋浴的上方，通通都防水，當然就比較完整。

可是有的預售屋做法，只有浴缸跟淋浴設備是做到頂，其他設備如馬桶上方跟洗臉台上方可能都只做到 120 公分，以上的部分就沒有防水。但我們不論是洗澡也好、用水也好，整個浴室都會充滿水氣，120 公分以上不防水，它會不會造成容易漏水？是否容易讓磁磚剝落？有些建商甚至只有漆上油漆，是否會有剝落的風險呢？尤其在台灣屬於亞熱帶比較潮濕的地方。

我們常常看到歐美地區的裝潢雜誌，他們的磁磚可能只有鋪到洗臉台，上面都是漆上油漆，但是在台灣如果這樣子做，維修成本可能就會很大，因為在浴室裡面的油漆可能每隔一段時間就要重新漆一次，所以我們的習慣就是全部都鋪磁磚到頂。

大家在驗屋時，切記要仔細看合約，留意浴室牆壁的防水高度和陽台的防水層，如果還來得及爭取自己的權益，就請提醒或是要求建商，該做的防水都要做好。 如果已經發現沒有辦法做，請各位在裝修室內時，記得要加入防水層，這也是滿重要的一點。

1-12 中古屋要不要驗屋？ 驗屋即將成「顯學」

在幫中古屋裝修之前，找驗屋公司把整個屋況瞭解清楚，才能決定要動用多少工程、要用多大範圍，來處理裝潢跟後面的維修，也是一個很棒的參考值。

🏠 驗屋報告，有助保障買賣雙方

驗屋即將成為一個新話題，大部分集中在新成屋的交屋中。換句話說，就是建商要把新成屋交給購屋者的過程當中，我們對建商可能信任度不足，或是覺得自己的專業度不夠，希望找比較專業的第三方陪同驗屋，才會出現「驗屋公司」這個角色。

「中古屋難道不需要驗屋嗎？」在美國，以我所瞭解，大多數的州都會在中古屋的買賣過程當中，要求提供驗屋報告。換句話說，驗屋報告不僅是保障買賣雙方，還是銀行貸款的必要條件之一，銀行需要知道這個屋子的真實狀況，才能決定貸款的成數，跟購屋者的信用程度，以及建物本身的坐落地點都會有相關。

目前台灣雖然沒有這樣的法令，但我們也期待有一天，能夠在中古屋買賣的時候，把驗屋報告當作是一個必要條件，可能對於都市的「危老更新」會是一個很大的助力，因為很多危老更新都是在不瞭解屋子的狀況下，就轉手賣出去了，導致維修造成另外一個問題。

🏠買賣糾紛，漏水問題最多

話說回來，既然在移轉買賣的過程當中，驗屋報告是一件很重要的事情，我們來談到底在台灣，中古屋的買賣有沒有需要驗屋？

屋主若委託房仲公司出售房屋並驗屋，都會有一張表格，請屋主自行填寫勾選，來確認是否有漏水。若是賣出後，在半年內有漏水狀況，可能需要請原屋主負責維修。

在買賣糾紛當中，漏水問題是造成糾紛最多的原因，很多原屋主不說的真實情況，等到現況交屋以後，出現的任何問題都是買家的事，所以買了這個中古屋的房子的人，其實也有心理準備，因為中古屋總是難免有一些狀況，買到手之後，就請水電師傅或是裝潢設計師，來幫忙一併處理，除非非常嚴重的狀況，否則不一定會因為這樣而回過頭去找房仲，或者是去找原屋主來計較這件事情。

🏠裝修之前，幫中古屋做健康檢查吧！

但是與其到後面裝修，才發現有問題，不如在購買之前就知道，到底屋況是如何，才決定是否購買或如何裝修，這是現在可以具備的新概念。因為如果不瞭解這個屋子的狀況，純粹只是找一個水電師傅說：「我要的很簡單，我沒有要做什麼裝修，請水電師傅來幫我看一看，有沒有什麼問題就好了。」我並不是質疑水電師傅的專業，而是你要叫他來工作這件事情，他有沒有可能只關心自己看到的那個部分，只關心水跟電狀況到底如何，而不是去做整個屋子的檢驗。

第二個，水電師傅可能用「鋸箭法」來檢修。「鋸箭法」

就像治療受到射箭傷害的人，醫生只把露在外面的箭鋸掉。**水電師傅其實沒有特別需要幫忙溯源，是不是應該要考慮整個管線，以免之後還有別的問題發生，等於說師傅只針對他看到的問題來維修，這也沒有錯！**

為了避免這樣的狀況，我們建議就算沒有要做什麼裝修，只是想要找個水電師傅看一看，也都適合在此之前，就找驗屋公司把整個屋況瞭解清楚，就像健康檢查一樣，才能決定要動用多少工程、要用多大範圍，來處理裝潢跟後面的維修，也是一個很棒的參考值。

所以，今天就算買了一間中古屋，應該也是有驗屋的必要跟需求。

有些預售屋合約寫到「陽台不做防水」，要特別小心這樣的「陷阱」，陽台的防水還是必要的！

驗屋該由誰付費？

中古屋的驗屋比新成屋的驗屋要來得複雜，因為出錢的人不一樣，需求相驗的內容、項目也不一樣，所以必須要能夠站在一個整體思考的驗屋公司，才能夠提供比較適切的服務。

🏠 中古屋驗屋付費，依狀況而定

中古屋驗屋到底由誰付費？這也是很重要的一個題目，中古屋的驗屋會出現 3 種付費狀況：

第一種：賣方付費。為什麼賣房子之前要付費呢？因為有些房子可能從來沒有住過，都是租給別人，也不知道有什麼狀況，擔心賣掉之後會出現問題，新屋主回來找舊屋主，不如先把它搞清楚房子的狀況好不好。

另一種可能是房子真的很舊，很久沒有住人，只是賣家要整理資產，或是賣方希望透過驗屋報告，為屋子加分，因為屋況都維護得很好，請一個公正第三方告訴要買房子的人：「你值得多付一點錢，因為我幫你做了所有的檢驗，房子狀況都是沒有問題的！」所以有沒有可能賣方出錢？當然有可能。

第二種：買方付費。就算買方已經簽約、交屋了，在進行下一步的裝修之前，買方還是可以把屋子做完整的檢查。把這間房子的狀況搞清楚以後，再由室內設計師來做敲敲打打的工作，對買方來講也是一個保障。

第三種：仲介公司付費。因為仲介公司在台灣是一個媒合的角色，會跟買方和賣方都收錢，但其實買方、賣方要讓這個合約能夠順利達成，除了有些很特殊的例子，例如它可能有其他的問題以外，大部分的關鍵都會集中在漏水的部分。如果房仲要讓雙方都覺得安心，不如由他來出這筆檢測費用，對於房仲費來講，可能也只是一小部分。

舉一個數字為例，現在的房子動輒千萬，以 1,000 萬的房子 6% 的房仲費，就算不一定收到滿，大概也要 50 萬的仲介費。因此，若驗一間 1,000 萬的房子收 50 萬的仲介費，其實驗屋費用可能只有 1 萬塊，也許對於房仲來講，為了保障雙方，或者是他的區域大部分都是中古屋，常常碰到一些漏水、漏電，或是其他問題，也許他就願意出這筆費用，讓大家都覺得方便，他也可以建立口碑。

🏠 角色不同，檢驗項目也會不一樣

對於驗屋公司的角色來看，分別由三方出錢，各自看的重點當然就不同。如果是賣方的話，可能會因為自己的房子比較好，才要來找驗屋公司，而非房子不好；對於房仲來講，他可能希望至少有基本檢驗報告，讓大家安心，所以挑選的檢驗項目也會不太一樣。

目前我們都還在嘗試當中，也在觀察整個驗屋市場的走向，依目前現況而言，這三者應該都可能具有驗屋的需求。

我認為中古屋的驗屋其實是比新成屋的驗屋要來得複雜，因為出錢的人不一樣，需求相驗的內容、項目也不一樣，後面需要達到的結果也不一樣，所以它是一個必須要比較專業，

或是能夠站在一個整體思考的驗屋公司，才能夠提供一個比較適切的服務。

落地門／窗大多與戶外連結，所以密合度及施工品質更為重要，以避免成為滲水問題的根源。

地震與驗屋之間的關係

受過地震災害的房子，如果要做驗屋，我們會非常在意當時它有沒有受到一些損害，這些剪力裂縫是不是可以維修？或是它有無潛在風險？這些都是觀察的重點。

🏠**買房子，不要買 921 之前蓋的！**

台灣位於地震帶上，地震次數頻繁，難免就會有人問：「牆壁的裂縫跟地震有沒有什麼關係？」或是「我怎麼樣知道它在地震當中，有沒有受損？」

談到地震，就一定要提到 921 大地震。921 大地震對於台灣的建物，不管是法規、興建的方式等，都是一個非常大的分水嶺，也曾經有房地產專家提過：**「要買老一點的房子沒有關係，但是不要買 921 大地震之前的房子。」**那是因為在 921 之後，台灣的整個建築法規有了很大的改變。舉個例來講，大樓沒有騎樓這件事情，就是在 921 之後改變的，凡是有騎樓的大樓，都是在 921 之前蓋的。

在 921 之後蓋的房子，不管是耐震係數，甚至很多的結構方面，都做了很多調整，包括逃生梯等，都隨著時代的改變而增加，很多人都覺得很奇怪為什麼新大樓的公設比越來越高，因為它不管是防震、防火等設備，其實都會做調整，所以才會造成這個公設比越來越高的原因。

🏠 檢驗重點，裂在哪個位置

此外，先別說這間房子是不是傾斜了，或是這間房子有沒有倒塌之虞，其實驗屋公司通常也幫不上忙，因為**比較嚴重的狀況，有另外的檢測單位負責，甚至它是不是「危老」這件事情，也有別的認定方法**。我們只講一般的房屋買賣時，跟地震有關的驗屋項目，可能對一般購屋者比較有用。

舉一個簡單的例子，我們常常在屋內看到裂縫，裂縫到底是油漆表面的裂？還是粉刷層的裂？或是這個結構體的裂？還是結構本身的裂？其實一般消費者是看不出來的；它是斜的裂、直的裂、橫的裂，裂在哪裡？一般購屋者很難知道。很多時候要處理裂縫，大家就覺得沒關係，把油漆刮一刮，再重新漆上就好，但奇怪的是，明明才剛漆好，過了一會兒卻又裂了，那麼就絕對不會是表面的裂！

因此在驗屋時，我們會特別注意這個剪力裂縫。地震造成的裂縫，稱之為「剪力裂縫」，不管是剪力牆或是在一些窗框門框的角落，它會比較容易凸顯出來，這些是地震造成的裂縫，還是因為屋子比較老舊的裂縫，還是當初施工不好而有裂縫，其實是完全不一樣的狀況。

921 之前的房子如果要做驗屋，我們會非常在意當時有沒有受到一些損害，這些剪力裂縫是不是可以維修？或是有無潛在風險？以上都是觀察重點。至於比較新一點的房子，同樣地，也要注意一些潛在裂縫的風險，因為在 921 之後，還是有碰到好幾次不同區域一些比較大的地震，雖然這間房子有請結構技師或做各種檢測，顯示都是安全的，仍可能有一點點潛在的隱患，是它真的在地震當中受傷了，而這些裂

縫不容易用肉眼，或是用一般人的經驗就會看得出來。

因此，**對於地震來講，我們會特別注意有些不應該出現的裂縫**。這個「不應該有的裂縫」可能就不是一般認為這裡為什麼好像產生裂縫？是否容易處理？我認為不只是處理的問題，應該也要觀察這個裂縫是不是在整個使用上，存在一些潛在隱患。

直裂，影響牆面結構

再舉一個具體的例子，到底是「直著裂」，還是「斜著裂」比較嚴重？跟大家分享一個簡單的判斷，我們常講「窗框有裂縫」，就會從斜斜地裂下去，其實通常斜斜的裂縫比較沒有問題，因為窗戶跟牆壁的結合，使用年限比較久之後，它會從一個斜面開始產生裂縫，有時候就會從那裡開始漏水。

比較嚴重的是直著裂，它可能就會影響到整個牆面結構，**當然一般來講，可能要看現場的狀況、儀器的測量、專家的判斷，而不是大家看到書中這樣寫，比對後就自我恐慌：「完蛋了！直著裂縫會不會有什麼問題？」**我想也沒有這麼嚴重，只是要提醒大家，驗屋是一個專業的工作，而且地震對於房子的影響，有些跟想像得不太一樣，必須提醒購屋者，要特別注意地震跟驗屋的關係。

如果是一間比較有年紀的房子，我們會建議在買賣的過程，或是在需要重新裝修時，請驗屋公司把因為地震產生的一些損害先找出來，再決定要不要用比較大的力氣去維修，對於屋主而言，不管是安全性也好，甚至是美觀也好，都可以達到事半功倍的效果。

PART 2

驗屋不藏私｜
房屋檢核標準 SOP 項目
大公開！

驗屋空間包括：玄關／客廳、廚房、主臥室、主衛浴室、客臥室、客衛浴室、前／後陽台；檢驗項目則包含：門窗工程、土建工程、給排水工程、電氣工程四大類。以下依各個空間和類別一一列表呈現，只要擁有這一本，驗屋大小事從此不用愁！

客戶名稱：＿＿＿＿＿＿＿＿＿＿＿＿＿＿＿＿

建案地點：＿＿＿＿＿＿＿＿＿＿＿＿＿＿＿＿

2-1 驗屋空間 玄關／客廳
項目 門窗工程

01 玄關門

作為守護家的重要關口，除了美觀及基本功能之外，建材有無採用防火材料，是否因為外力而變形，影響逃生安全，都是很重要的細節之一！

查驗項目功能	是	否
01、門框、門扇、門鎖／把手：有無撞傷、烤漆完整、開／關順暢？	☐	☐
02、各門框垂直及水平？	☐	☐
03、門止是否安裝且無損壞？	☐	☐
04、接縫是否平整？	☐	☐
05、門框崁合是否確實？	☐	☐

🏠備註：

- _____
- _____
- _____
- _____
- _____
- _____
- _____
- _____

2-1 驗屋空間 玄關／客廳
項目 **門窗工程**

02 鋁窗

窗體／紗窗開關的順暢度及軌道都要仔細確認，也要檢查紗窗有沒有破洞，並以熱顯儀確認牆體及窗框交接處的水分含量，過高可能就有漏水疑慮。

查驗項目功能	是	否
01、閉合度良好？	☐	☐
02、窗扇、紗窗：開／關順暢？	☐	☐
03、鎖扣、把手閉合良好？	☐	☐
04、玻璃無破損？	☐	☐
05、鋁製品烤漆無刮傷／撞損？	☐	☐
06、各鋁框垂直及水平？	☐	☐
07、接縫是否平整？	☐	☐
08、鋁框崁縫是否確實？	☐	☐
09、各窗角是否漏水？	☐	☐

🏠備註：

• _____

• _____

• _____

• _____

• _____

03 天花 / 裝修天花

因為距離視線較遠，是常被忽略的細節之一，請抬頭確認天花板的孔洞是否都補上了，是否有外力造成的裂縫？

查驗項目功能	是	否
01、平頂油漆粉刷：無脫落／污損／平整？	☐	☐
02、燈具是否依圖留孔？	☐	☐
03、天花是否破口及收邊完整？	☐	☐
04、四周邊條固定是否牢固？有無預留維修孔？	☐	☐
05、是否有龜裂、滲水？	☐	☐
06、泥作有無缺角破口？	☐	☐

備註：

* _____
* _____
* _____
* _____
* _____
* _____
* _____
* _____
* _____

2-1 驗屋空間 玄關／客廳
項目 土建工程

04 泥作／油漆

泥作／油漆可以用水平尺確認是否平整，並以肉眼觀察有沒有裂縫，不能坑坑疤疤，跟月球表面一樣喔！

查驗項目功能	是	否
01、室內牆面泥作是否平整／破口／空心？	☐	☐
02、室內牆面泥作與各門窗交接是否面垂直／水平／彎曲？	☐	☐
03、踢腳板完整／無破口／固定／污損？	☐	☐
04、不同材質牆面平整度／交接縫／垂直／水平？	☐	☐
05、各處牆面油漆粉刷：無脫落／污損／平整？	☐	☐
06、室內開關插座是否平整、無破口？	☐	☐
07、室內地坪高程是否一致？	☐	☐

🏠備註：

- _____
- _____
- _____
- _____
- _____
- _____

2-1 驗屋空間 **玄關／客廳**
項目 **土建工程**

05 地磚

肉眼檢查地磚有沒有破損、地磚接縫處有沒有孔洞，用棒子輕輕敲擊地面，聽聽看有沒有不一樣的聲音，如果有的話，可能就是空心！

查驗項目功能	是	否
01、室內地磚鋪貼平整／無破損／抹縫無污染／空心？	☐	☐

🏠備註：

• _____

• _____

• _____

• _____

• _____

• _____

• _____

• _____

• _____

• _____

• _____

• _____

• _____

• _____

驗屋空間 **廚房**
項目 **門窗工程**

01 鋁窗

與玄關、客廳的鋁窗異同，仔細檢查窗體／紗窗及紗網，並以熱顯儀確認水氣含量吧！

查驗項目功能	是	否
01、閉合度良好？	☐	☐
02、窗扇、紗窗：開／關順暢？	☐	☐
03、鎖扣、把手閉合良好？	☐	☐
04、玻璃無破損？	☐	☐
05、鋁製品烤漆無刮傷／撞損？	☐	☐
06、各鋁框垂直及水平？	☐	☐
07、接縫是否平整？	☐	☐
08、鋁框崁縫是否確實？	☐	☐
09、各窗角是否漏水？	☐	☐

🏠備註：

* _____
* _____
* _____
* _____
* _____
* _____

驗屋空間 廚房
項目 土建工程

02 天花 / 裝修天花

抬頭確認天花板是否有孔洞或外力造成的裂縫，若是中古屋，可以檢查有沒有潮濕的跡象喔！

查驗項目功能	是	否
01、平頂油漆粉刷：無脫落／污損／平整？	☐	☐
02、燈具是否依圖留孔？	☐	☐
03、天花是否破口及收邊完整？	☐	☐
04、是否有龜裂、滲水？	☐	☐
05、泥作有無缺角破口？	☐	☐

🏠備註：

- _____
- _____
- _____
- _____
- _____
- _____
- _____
- _____
- _____
- _____

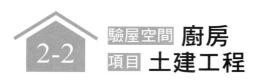

03 壁磚／泥作／油漆

泥作油漆需確認有沒有裂縫跟破洞,磁磚以棒子輕輕敲擊是否有異音,若有就要注意空心問題了。

查驗項目功能	是	否
01、壁磚鋪貼是否平整／無破損／有無空心現象／抹縫是否確實填滿無污染?	☐	☐
02、室內牆面泥作是否平整／破口／空心?	☐	☐
03、室內牆面泥作與各門窗交接是否面垂直／水平／彎曲?	☐	☐
04、不同材質牆面平整度／交接縫／垂直／水平?	☐	☐
05、各處牆面油漆粉刷:無脫落／污損／平整?	☐	☐
06、室內開關插座是否平整、無破口?	☐	☐
07、室內地坪高程是否一致?	☐	☐

備註:

* _____
* _____
* _____
* _____
* _____
* _____

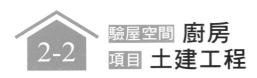

驗屋空間 廚房
項目 土建工程

2-2

04 地磚

與玄關、客廳的地磚異同，仔細檢查磁磚表面、接縫及空心問題吧！

查驗項目功能	是	否
01、室內地磚鋪貼平整／無破損／抹縫無污染／空心？	☐	☐

🏠備註：

* _____
* _____
* _____
* _____
* _____
* _____
* _____
* _____
* _____
* _____
* _____
* _____
* _____
* _____
* _____

05 洗滌台／五金配件及龍頭

將洗手槽儲水，檢查下方的管線是否會漏水，以及管線內部是否有異物，把水漏掉時確認漏水速度，最重要的是洗手槽周遭有沒有確實打上矽膠！

查驗項目功能	是	否
01、洗滌台表面無損傷／瑕疵？	☐	☐
02、洗滌台交接縫填補平整？	☐	☐
03、洗滌台止水塞蓄水／排水功能正常？	☐	☐
04、五金配件及龍頭出水測試正常／無損傷？	☐	☐

備註：

- _____
- _____
- _____
- _____
- _____
- _____
- _____
- _____
- _____
- _____

2-2 驗屋空間 廚房 項目 電氣工程

06 廚具設備

確認機具設備有無過電，功能是否正常。

查驗項目功能	是	否
01、排油煙機安裝完整／啟動／功能正常？	☐	☐
02、瓦斯爐安裝完整（天然瓦斯未裝錶、未送氣，無法測試，功能性列為保固項目）？	☐	☐
03、烘碗機安裝完整／啟動／功能正常？	☐	☐
04、廚具各門扇開啟順暢／正常？	☐	☐
05、水槽止水塞蓄水／排水功能正常？	☐	☐
06、給水龍頭出水量正常／開啟順暢？	☐	☐
07、檯面無刮傷／無污損？	☐	☐

🏠備註：

- _____
- _____
- _____
- _____
- _____
- _____
- _____
- _____

2-3 驗屋空間 主臥室 項目 門窗工程

01 門

最常被遺漏的就是門框內外的矽膠了,請確認自家門框有沒有確實打上矽膠,低頭查看有無安裝門止,並以水平尺確認門框是否有外力造成的歪斜喔!

查驗項目功能	是	否
01、門框、門扇、門鎖／把手:是否無撞傷、烤漆完整、開／關順暢?	☐	☐
02、門止:安裝／無損壞?	☐	☐
03、各門框垂直及水平?	☐	☐
04、接縫是否平整?	☐	☐
05、門框崁合是否確實?	☐	☐

🏠備註:

* _____
* _____
* _____
* _____
* _____
* _____
* _____
* _____
* _____

02 鋁窗

仔細檢查窗體／紗窗及紗網的功能是否完好及破損，並以熱顯儀確認窗戶周邊的水氣含量吧！

查驗項目功能	是	否
01、閉合度良好？	☐	☐
02、窗扇、紗窗：開／關順暢？	☐	☐
03、鎖扣、把手閉合良好？	☐	☐
04、玻璃無破損？	☐	☐
05、鋁製品烤漆無刮傷／撞損？	☐	☐
06、各鋁框垂直及水平？	☐	☐
07、接縫是否平整？	☐	☐
08、鋁框崁縫是否確實？	☐	☐
09、各窗角是否漏水？	☐	☐

⌂ 備註：

- _____
- _____
- _____
- _____
- _____
- _____

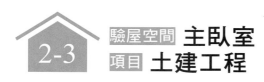

驗屋空間 主臥室
項目 土建工程

03 天花 / 裝修天花

抬頭確認天花板是否有孔洞／外力造成的裂縫，若是中古屋，可以
檢查有沒有潮濕的跡象喔！

查驗項目功能	是	否
01、平頂油漆粉刷：無脫落／污損／平整？	☐	☐
02、燈具是否依圖留孔？	☐	☐
03、天花是否破口及收邊完整？	☐	☐
04、泥作有無缺角破口？	☐	☐

🏠備註：

- _____
- _____
- _____
- _____
- _____
- _____
- _____
- _____
- _____
- _____
- _____

驗屋空間 主臥室
項目 土建工程

04 泥作／油漆

泥作／油漆可以用水平尺確認是否平整，並以肉眼觀察有沒有裂縫。

查驗項目功能	是	否
01、室內牆面泥作是否平整／破口／空心？	☐	☐
02、室內牆面泥作與各門窗交接是否面垂直／水平／彎曲？	☐	☐
03、踢腳板完整／無破口／固定／污損？	☐	☐
04、不同材質牆面平整度／交接縫／垂直／水平	☐	☐
05、各處牆面油漆粉刷是否脫落／污損／平整？	☐	☐
06、室內開關插座是否平整、無破口？	☐	☐
07、室內地坪高程是否一致？	☐	☐

🏠 備註：

- _____
- _____
- _____
- _____
- _____
- _____
- _____
- _____

2-3 驗屋空間 **主臥室**
項目 **土建工程**

05 地磚

仔細檢查磁磚表面、接縫是否破損及空洞，輕輕敲擊地磚，聽看看有沒有空心問題。

查驗項目功能	是	否
01、室內地磚鋪貼平整／無破損／抹縫無污染／空心？	☐	☐

🏠備註：

* _____
* _____
* _____
* _____
* _____
* _____
* _____
* _____
* _____
* _____
* _____
* _____
* _____
* _____

2-4 驗屋空間 **主衛浴室**
項目 **門窗工程**

01 門

門框若是沒有確實打上矽膠及填縫，會造成困擾的漏水問題。因此，確認衛浴門的細節非常重要，畢竟大家不會想要房間裡潮濕或淹水吧！

查驗項目功能	是	否
01、門框、門扇、門鎖／把手：是否無撞傷、烤漆完整、開／關順暢？	☐	☐
02、門止：安裝／無損壞？	☐	☐
03、各門框垂直及水平？	☐	☐
04、接縫是否平整？	☐	☐
05、門框崁合是否確實？	☐	☐

🏠備註：

* _____
* _____
* _____
* _____
* _____
* _____
* _____
* _____
* _____

2-4 驗屋空間 **主衛浴室**
項目 **門窗工程**

02 鋁窗

若有窗戶，請確認是否有足夠的防水層，窗體運作順暢度及用熱顯儀確認窗體周邊的水分含量。

查驗項目功能	是	否
01、閉合度良好？	☐	☐
02、窗扇、紗窗：開／關順暢？	☐	☐
03、鎖扣、把手閉合良好？	☐	☐
04、玻璃無破損？	☐	☐
05、鋁製品烤漆無刮傷／撞損？	☐	☐
06、各鋁框垂直及水平？	☐	☐
07、接縫是否平整？	☐	☐
08、鋁框崁縫是石確實？	☐	☐
09、各窗角是否漏水？	☐	☐

🏠 備註：

• _____

• _____

• _____

• _____

• _____

• _____

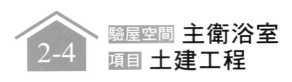

2-4 驗屋空間 主衛浴室
項目 土建工程

03 天花／裝修天花

抬頭確認天花板是否有孔洞／外力造成的裂縫，若是裝修天花，請確認周遭接縫處有無打上矽膠。

查驗項目功能	是	否
01、平頂油漆粉刷：無脫落／污損／平整？	☐	☐
02、燈具是否依圖留孔？	☐	☐
03、天花是否破口及收邊完整？	☐	☐
04、四周邊條固定是否牢固？有無預留維修孔？	☐	☐
05、是否有龜裂、滲水？	☐	☐
06、泥作有無缺角破口？	☐	☐
07、PVC 或砌口天花板面有無凹洞、損壞、尺寸不足？	☐	☐

🏠備註：

• _____
• _____
• _____
• _____
• _____
• _____
• _____

2-4 驗屋空間 主衛浴室
項目 土建工程

04 壁磚／泥作／油漆

泥作／油漆可以用水平尺確認是否平整、肉眼觀察有沒有裂縫，壁磚可輕輕敲擊確認空心問題，並與建材表確認防水層是否做足。

查驗項目功能	是	否
01、壁磚鋪貼是否平整／無破損／有無空心現象／抹縫是否確實填滿無污染？	☐	☐
02、室內牆面泥作是否平整／破口／空心？	☐	☐
03、室內牆面泥作與各門窗交接是否面垂直／水平／彎曲？	☐	☐
04、不同材質牆面平整度／交接縫／垂直／水平？	☐	☐
05、室內開關插座是否平整、無破口？	☐	☐

🏠 備註：

- _____
- _____
- _____
- _____
- _____
- _____
- _____
- _____

2-4 驗屋空間 **主衛浴室**
項目 **土建工程**

05 地磚

仔細檢查磁磚表面、接縫是否破損及空洞，輕輕敲擊地磚，聽聽看有沒有空心問題。

查驗項目功能	是	否
01、室內地磚鋪貼平整／無破損／抹縫無污染／空心？	☐	☐

🏠備註：

* _____
* _____
* _____
* _____
* _____
* _____
* _____
* _____
* _____
* _____
* _____
* _____
* _____
* _____

2-4 驗屋空間 主衛浴室 項目 給排水工程

06 面盆

將面盆儲水，檢查下方的管線是否會漏水，以及管線內部是否有異物，把水漏掉時確認漏水速度，最重要的是面盆周遭有沒有確實打上矽膠！

查驗項目功能	是	否
01、面盆表面無損傷／瑕疵？	☐	☐
02、面盆抹縫填補平整？	☐	☐
03、面盆止水塞拉捍功能蓄水／排水功能正常？	☐	☐
04、五金配件及龍頭出水測試正常／無損傷／無滲漏？	☐	☐

備註：

* _____
* _____
* _____
* _____
* _____
* _____
* _____
* _____
* _____
* _____

2-4 驗屋空間 主衛浴室
項目 給排水工程

07 浴缸

將浴缸儲水，看看水位是否下降及管線內部是否有異物，把水漏掉時確認漏水速度，並用熱顯儀探照周遭是否有漏水疑慮，若有按摩浴缸更是要小心仔細檢查！

查驗項目功能	是	否
01、浴缸表面無損傷／瑕疵？	☐	☐
02、浴缸抹縫填補平整？	☐	☐
03、浴缸止水塞蓄水／排水功能正常？	☐	☐
04、五金配件及龍頭出水測試正常／無損傷？	☐	☐

🏠 備註：

* _____
* _____
* _____
* _____
* _____
* _____
* _____
* _____
* _____
* _____

2-4 驗屋空間 主衛浴室
項目 給排水工程

08 馬桶

沖水並確認水箱是否運作、馬桶管線是否漏水，還有馬桶座周遭是否有潮濕跡象。

查驗項目功能	是	否
01、馬桶安裝穩固／無損傷／瑕疵？	☐	☐
02、馬桶蓋安裝完整／無鬆動？	☐	☐
03、馬桶蓄水／沖水量功能正常？	☐	☐
04、水箱注水正常水位即停止／無滲漏？	☐	☐

🏠備註：

• _____
• _____
• _____
• _____
• _____
• _____
• _____
• _____
• _____
• _____
• _____

2-4 驗屋空間 **主衛浴室**
項目 **給排水工程**

09 淋浴間

若是乾濕分離的淋浴間，確認門周遭是否有確實打上矽膠，開關是否順暢，門框及軌道也要確認有無損傷喔！

查驗項目功能	是	否
01、淋浴間安裝完整／密閉性良好／無滲漏？	☐	☐
02、淋浴門開啟順暢／無滲漏？	☐	☐
03、五金配件及龍頭出水測試正常？	☐	☐
04、落水頭或地排排水順暢？	☐	☐

🏠備註：

- _____
- _____
- _____
- _____
- _____
- _____
- _____
- _____
- _____
- _____
- _____

驗屋空間 客臥室
項目 門窗工程

01 門

最常被遺漏的就是門框內外的矽膠了，請確認自家門框有沒有確實打上矽膠，低頭看有無安裝門止，並以水平尺確認門框是否有外力造成的歪斜喔！

查驗項目功能	是	否
01、門框、門扇、門鎖／把手：是否無撞傷、烤漆完整、開／關順暢？	☐	☐
02、門止：安裝／無損壞？	☐	☐
03、各門框垂直及水平？	☐	☐
04、接縫是否平整？	☐	☐
05、門框崁合是否確實？	☐	☐

🏠備註：

• _____
• _____
• _____
• _____
• _____
• _____
• _____
• _____
• _____

2-5 驗屋空間 客臥室
項目 門窗工程

02 鋁窗

仔細檢查窗體／紗窗及紗網的功能及是否破損，並以熱顯儀確認窗體周圍的水氣含量吧！

查驗項目功能	是	否
01、閉合度良好？	☐	☐
02、窗扇、紗窗：開／關順暢？	☐	☐
03、鎖扣、把手閉合良好？	☐	☐
04、玻璃無破損？	☐	☐
05、鋁製品烤漆無刮傷／撞損？	☐	☐
06、各鋁框垂直及水平？	☐	☐
07、接縫是否平整？	☐	☐
08、鋁框崁縫是否確實？	☐	☐
09、各窗角是否漏水？	☐	☐

備註：

- _____
- _____
- _____
- _____
- _____
- _____

03 天花 / 裝修天花

抬頭確認天花板是否有孔洞／外力造成的裂縫！

查驗項目功能	是	否
01、平頂油漆粉刷：無脫落／污損／平整？	☐	☐
02、燈具是否依圖留孔？	☐	☐
03、天花是否破口及收邊完整？	☐	☐
04、泥作有無缺角破口？	☐	☐

🏠 備註：

- _____
- _____
- _____
- _____
- _____
- _____
- _____
- _____
- _____
- _____
- _____
- _____

2-5

驗屋空間 **客臥室**
項目 **土建工程**

04 泥作／油漆

泥作／油漆可以用水平尺確認是否平整、肉眼觀察有沒有裂縫。

查驗項目功能	是	否
01、室內牆面泥作是否平整／破口／空心？	☐	☐
02、室內牆面泥作與各門窗交接是否面垂直／水平／彎曲？	☐	☐
03、踢腳板完整／無破口／固定／污損？	☐	☐
04、不同材質牆面平整度／交接縫／垂直／水平	☐	☐
05、各處牆面油漆粉刷是否脫落／污損／平整？	☐	☐
06、室內開關插座是否平整、無破口？	☐	☐
07、室內地坪高程是否一致？	☐	☐

🏠備註：

- _____
- _____
- _____
- _____
- _____
- _____
- _____
- _____

2-5 驗屋空間 客臥室
項目 土建工程

05 地磚

仔細檢查磁磚表面、接縫是否破損及空洞,輕輕敲擊地磚,聽看看有沒有空心問題。

查驗項目功能	是	否
01、室內地磚鋪貼平整／無破損／抹縫無污染／空心?	☐	☐

🏠備註:

* _____
* _____
* _____
* _____
* _____
* _____
* _____
* _____
* _____
* _____
* _____
* _____
* _____

2-6 | 驗屋空間 **客衛浴室**
項目 **門窗工程**

01 門

門框若是沒有確實打上矽膠及填縫，會造成困擾的漏水問題。因此，確認衛浴門的細節非常重要，以避免漏水問題。

查驗項目功能	是	否
01、門框、門扇、門鎖／把手：是否無撞傷、烤漆完整、開／關順暢？	☐	☐
02、門止：安裝／無損壞？	☐	☐
03、各門框垂直及水平？	☐	☐
04、接縫是否平整？	☐	☐
05、門框崁合是否確實？	☐	☐

🏠備註：

- _____
- _____
- _____
- _____
- _____
- _____
- _____
- _____
- _____

2-6 　驗屋空間 **客衛浴室**
　　　　　項目 **門窗工程**

02 鋁窗

若有窗戶，請確認是否有足夠的防水層，窗體運作順暢度及用熱顯儀確認周遭水分含量。

查驗項目功能	是	否
01、閉合度良好？	☐	☐
02、窗扇、紗窗：開／關順暢？	☐	☐
03、鎖扣、把手閉合良好？	☐	☐
04、玻璃無破損？	☐	☐
05、鋁製品烤漆無刮傷／撞損？	☐	☐
06、各鋁框垂直及水平？	☐	☐
07、接縫是否平整？	☐	☐
08、鋁框崁縫是否確實？	☐	☐
09、各窗角是否漏水？	☐	☐

🏠備註：

* _____
* _____
* _____
* _____
* _____
* _____

03 天花 / 裝修天花

抬頭確認天花板是否有孔洞／外力造成的裂縫，若是裝修天花，請確認周遭接縫處有無打上矽膠。

查驗項目功能	是	否
01、平頂油漆粉刷：無脫落／污損／平整？	☐	☐
02、燈具是否依圖留孔？	☐	☐
03、天花是否破口及收邊完整？	☐	☐
04、四周邊條固定是否牢固？有無預留維修孔？	☐	☐
05、是否有龜裂、滲水？	☐	☐
06、泥作有無缺角破口？	☐	☐
07、PVC 或砌口天花板面有無凹洞、損壞、尺寸不足？	☐	☐

🏠備註：

* _____
* _____
* _____
* _____
* _____
* _____
* _____

2-6 驗屋空間 **客衛浴室**
項目 **土建工程**

04 壁磚／泥作／油漆

泥作／油漆可以用水平尺確認是否平整，並以肉眼觀察有沒有裂縫，壁磚可輕輕敲擊確認空心問題，並與建材表確認防水層是否做足。

查驗項目功能	是	否
01、壁磚鋪貼是否平整／無破損／有無空心現象／抹縫是否確實填滿無污染？	☐	☐
02、室內牆面泥作是否平整／破口／空心？	☐	☐
03、室內牆面泥作與各門窗交接是否面垂直／水平／彎曲？	☐	☐
04、不同材質牆面平整度／交接縫／垂直／水平？	☐	☐
05、室內開關插座是否平整、無破口？	☐	☐

🏠備註：

- _____
- _____
- _____
- _____
- _____
- _____
- _____
- _____

2-6

驗屋空間 **客衛浴室**
項目 **土建工程**

05 地磚

仔細檢查磁磚表面、接縫是否破損及空洞，輕輕敲擊地磚，聽聽看有沒有空心問題。

查驗項目功能	是	否
01、室內地磚鋪貼平整／無破損／抹縫無污染／空心？	☐	☐

🏠備註：

* _____
* _____
* _____
* _____
* _____
* _____
* _____
* _____
* _____
* _____
* _____
* _____
* _____
* _____

2-6 驗屋空間 **客衛浴室**
項目 **給排水工程**

06 面盆

將面盆儲水，檢查下方的管線是否會漏水，以及管線內部是否有異物，把水漏掉時確認漏水速度，最重要的是面盆周遭有沒有確實打上矽膠！

查驗項目功能	是	否
01、面盆表面無損傷／瑕疵？	☐	☐
02、面盆抹縫填補平整？	☐	☐
03、面盆止水塞拉桿功能蓄水／排水功能正常？	☐	☐
04、五金配件及龍頭出水測試正常／無損傷／無滲漏？	☐	☐

🏠 備註：

- _____
- _____
- _____
- _____
- _____
- _____
- _____
- _____
- _____
- _____

驗屋空間 客衛浴室
項目 給排水工程

2-6

07 浴缸

將浴缸儲水，看看水位是否下降及管線內部是否有異物，把水漏掉時確認漏水速度，並用熱顯儀探照周遭是否有漏水疑慮，若是有按摩浴缸，更要仔細檢查！

查驗項目功能	是	否
01、浴缸表面無損傷／瑕疵？	☐	☐
02、浴缸抹縫填補平整？	☐	☐
03、浴缸止水塞蓄水／排水功能正常？	☐	☐
04、五金配件及龍頭出水測試正常／無損傷？	☐	☐

🏠備註：

· _____
· _____
· _____
· _____
· _____
· _____
· _____
· _____
· _____
· _____

2-6 驗屋空間 客衛浴室 | 項目 給排水工程

08 馬桶

沖水並確認水箱是否運作，確認馬桶管線是否漏水，馬桶座周遭是否有潮濕跡象。

查驗項目功能	是	否
01、馬桶安裝穩固／無損傷／瑕疵？	☐	☐
02、馬桶蓋安裝完整／無鬆動？	☐	☐
03、馬桶蓄水／沖水量功能正常？	☐	☐
04、水箱注水正常水位即停止／無滲漏？	☐	☐

備註：

* _____
* _____
* _____
* _____
* _____
* _____
* _____
* _____
* _____
* _____
* _____

2-6 驗屋空間 客衛浴室
項目 給排水工程

09 淋浴間

若是乾濕分離的淋浴間，確認門周遭是否有確實打上矽膠，開關是否順暢，門框及軌道也要確認有無損傷喔！

查驗項目功能	是	否
01、淋浴間安裝完整／密閉性良好／無滲漏？	☐	☐
02、淋浴門開啟順暢／無滲漏？	☐	☐
03、五金配件及龍頭出水測試正常？	☐	☐
04、落水頭或地排排水順暢？	☐	☐

⌂ 備註：

- _____
- _____
- _____
- _____
- _____
- _____
- _____
- _____
- _____
- _____
- _____

2-7 驗屋空間 前／後陽台
項目 門窗工程

01 門

若為一般門式，請確認門框、門扇是否有損傷及功能完善；若為落地式，請確認開關的順暢度，窗軌是否有損傷，並以熱顯儀確認周遭的水分含量。

查驗項目功能	是	否
01、門框、門扇、門鎖／把手：是否無撞傷、烤漆完整、開／關順暢？	☐	☐
02、玻璃是否無破損？	☐	☐
03、鋁製品烤漆是否無刮傷／撞損？	☐	☐
04、各門框是否垂直及水平？	☐	☐
05、接縫處是否平整？	☐	☐

備註：

- _____
- _____
- _____
- _____
- _____
- _____
- _____
- _____
- _____

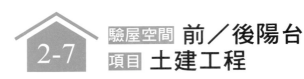

2-7 驗屋空間 前／後陽台
項目 土建工程

02 天花／裝修天花

陽台天花請確認是否有裂縫、有無防水層；若有裝修,請確認孔洞是否都上蓋了、交界處有無確實打上矽膠。

查驗項目功能	是	否
01、平頂油漆粉刷:無脫落／污損／平整?	☐	☐
02、燈具是否依圖留孔?	☐	☐
03、天花是否破口及收邊完整?	☐	☐
04、四周邊條固定是否牢固,有無預留維修?	☐	☐
05、是否有龜裂、滲水?	☐	☐

🏠備註:

- _____
- _____
- _____
- _____
- _____
- _____
- _____
- _____
- _____
- _____

2-7 驗屋空間 前／後陽台
項目 土建工程

03 壁磚／泥作／油漆

泥作／油漆可以用水平尺確認是否平整、肉眼觀察有沒有裂縫，壁磚可輕輕敲擊，確認空心問題及接縫處有無孔洞，壁磚有無破損。

查驗項目功能	是	否
01、壁磚鋪貼是否平整／無破損／有無空心現象／抹縫是否確實填滿無污染？	☐	☐
02、室內牆面泥作是否平整／破口／空心？	☐	☐
03、室內牆面泥作與各門窗交接，是否面垂直／水平／彎曲？	☐	☐
04、不同材質牆面平整度／交接縫／垂直／水平？	☐	☐
05、室內開關插座是否平整、無破口？	☐	☐

🏠備註：

* _____
* _____
* _____
* _____
* _____
* _____
* _____
* _____
* _____

2-7 驗屋空間 前／後陽台
項目 土建工程

04 地磚

仔細檢查磁磚表面、接縫是否破損及空洞，輕輕敲擊地磚，聽聽看有沒有空心問題。

查驗項目功能	是	否
01、室內地磚鋪貼平整／無破損／抹縫無污染／空心？	□	□

🏠備註：

* _____
* _____
* _____
* _____
* _____
* _____
* _____
* _____
* _____
* _____
* _____
* _____
* _____
* _____

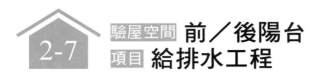

2-7 驗屋空間 前／後陽台
項目 給排水工程

05 給水龍台／排水管／地坪排水

確認管線是否有異物，排水時是否會回堵。

查驗項目功能	是	否
01、洗衣機給水龍頭出水量功能正常／無損壞？	☐	☐
02、陽台給水龍頭出水量功能正常／無損壞？	☐	☐
03、預留排水管排水測試功能正常／不阻塞？	☐	☐
04、地坪排水功能順暢／不阻塞？	☐	☐

🏠備註：

- _____
- _____
- _____
- _____
- _____
- _____
- _____
- _____
- _____
- _____
- _____
- _____
- _____

2-8 驗屋空間 其他複合式場所
項目 電氣工程

01 電氣／電視／電話／弱電

以相關設備檢測是否功能正常？有無過電？

查驗項目功能	是	否
01、總開關箱開啟順暢／功能正常？	☐	☐
02、總開關內標示完整／無短缺？	☐	☐
03、全室插座功能正常，面蓋無短缺？	☐	☐
04、平頂照明燈接電正常／燈泡無不亮狀況？	☐	☐
05、各電源開關水平？	☐	☐
06、照明開關面板安裝完整／功能正常？	☐	☐
07、電視線路功能測試／訊號正常？	☐	☐
08、電話線路功能測試／蜂鳴音訊正常？	☐	☐
09、資訊箱開啟順暢／線路配置完整？	☐	☐
10、資訊箱體／門扇無刮傷／污損？	☐	☐
11、門禁監控系統（對講機）功能測試？	☐	☐
12、對講機影像清晰／對講音訊功能正常？	☐	☐
13、室內緊急求救押扣啟動／復歸功能測試？	☐	☐
14、瓦斯偵測器啟動／復歸功能測試？	☐	☐
15、瓦斯遮斷器啟動／復歸功能測試？	☐	☐
16、主開關箱電源迴路檢測？	☐	☐
17、網路系統迴踏檢測？	☐	☐

🏠備註：

2-8

驗屋空間 **其他複合式場所**
項目 **電氣工程**

02 機具設備

檢查功能是否正常運作。

查驗項目功能	是	否
01、多功能機／一般功能風機抽風測試？	☐	☐
02、風機運轉功能抽風正常？	☐	☐
03、明鏡安裝完整／無破損／刮傷？	☐	☐
04、五金配件（如毛巾桿、掛鉤）？	☐	☐
05、曬衣架安裝完整／無鬆動？	☐	☐
06、陽台燈功能正常？	☐	☐
07、陽台燈具安裝／無鬆動、無破損？	☐	☐

🏠備註：

* _____
* _____
* _____
* _____
* _____
* _____
* _____
* _____
* _____

PART **3**

開門說亮話｜
羅姐 × 業界專家，
巷子內驗屋經驗談

驗屋水很深？別怕！跟著羅姐和內行人巷口內帶看，一
眼便知有沒有！

這一章節經由羅姐在臉書社團發表、廣播節目錄製等媒
介，採訪及對談以下各界專業人士，主題從不動產環境
到驗屋的內容，提供讀者進一步延伸參考。

驗屋，為房地產加分的必要動作！
——連續創業家 & 作家 崴爺

知識型網紅的代表性人物崴爺，加上暢銷書作家的身分，他覺得驗屋可以為買賣加分。

與人氣很高的作家兼網紅崴爺有多年交情，都會關心彼此工作上的發展。在「專訪」崴爺之前，想說先約再說，沒有一定要有什麼話題，然後就發生一個剛碰面的「小笑話」。

「嗨，我最近開始一個新主題，而且還要創業喔！我要來做『驗屋』。」

由於崴爺對於投資理財跟創業，都有獨到的經驗和看法，還真算是知識型網紅的代表性人物，房地產也是他有興趣且專精的題材之一。

🏠點收交屋，必須慎重其事！

「燕窩？怎麼會想到要做食品？養顏美容嗎？」果然看到他眼前一亮，接著說了一句我意想不到的話。

我也愣住，燕窩？哈哈哈，我從哪一點看起來像要做燕窩生意啦！

好，言歸正傳。崴爺對於「驗屋」有獨到經驗可以分享。首先，他也完全同意我的看法，驗屋真的是很專業的事情。以他自己為例，在買房子的過程中，過去沒有驗屋公司這個環節，大部分就是「工地主任」（其實不是工地主任，工地主任通常是這個工地的負責人，除

非是非常小的工地，否則就是營造的工程師或監工之類，才會直接參與交屋，不過大部分的購屋者並不知道，沒關係，就以工地主任名之，也不算錯），帶人來一一點交，然後買房子的人就簽字，這間房子就算是交屋了。

崴爺說，多年下來也沒發生什麼問題，但是他知道，近幾年開始，驗屋這個環節逐漸變成必要過程。他自己細想，**過去「簽字就算點交完成」的時候，的確有點「心太大」，因為簽下去就是購屋者要自己負責的感覺，還是應該要慎而重之才對。**

他進一步說明：「其實購屋者能注意到的問題，都只是看得到的部分，也就是說比較表面的地方。真正問題都在看不到的地方，通常都是要住進去之後，或是時間久了之後，才會發現問題。若有專業人員，先把購屋者看不到的地方也檢查一下，應該是有必要性。」

🏠 驗屋市場良莠不齊，成立協會推廣標準

所以在他最近交屋的房子，就找了專業的驗屋公司（當然不是我）陪同，之後做成完整的驗屋報告。看了驗屋公司的現場作業後，崴爺說：「我真的覺得他們看得比較仔細，很多施工的小細節，我們不一定會注意到，或是不夠專業發現不了的地方，都有幫忙抓出來。」

「舉個具體的例子，馬桶裝歪了，我都沒發現，幸好被他們找到，要不然以後就可能發生大麻煩。我真的覺得很方便，因為後來就拿驗屋報告，直接讓建設公司的工班，照樣修改，逐條比對修繕完成才簽字。當然，建商也應該要更有

購屋者只能看到比較表面的地方。
若有專業人員，
先把看不到的地方也檢查一下，
確實有必要性。

——崴爺

誠意，就是都要盡量做到好才交屋，沒有人喜歡看到亂七八糟、沒有準備，就想要交屋的新房子！」崴爺說。

對於買房子，現在需要增加驗屋這個環節，崴爺固然有切身經歷做分享，繼續深聊下去，想不到可以透露出更有價值的觀點。

這間他認真找驗屋公司協助交屋的房子，因為各種原因，無法自己居住，也沒打算租人時，就想要賣掉。雖然是新房子、沒住過，可是碰到的買主，有各種大大小小的問題，除了居中的房仲協助外，**他發現只要回答：「我有找驗屋公司，來！報告在這裡。」買主居然馬上覺得得到解答，而且充滿安心的感覺。**

崴爺說：「妳沒來跟我談驗屋這個主題，我還沒感受，其實當時賣掉房子，幸好有驗屋報告可以用，減少很多來回溝通的時間和氣力。」

「關心或是倡議驗屋這個主題，當然是很好啦！」崴爺憂心忡忡地對我說：「競爭很激烈吧？而且依照坪數來收費，現在的新屋坪數大多很小，這樣一趟下來，又賺不到什麼錢，不是嗎？」

我真的很感動他提到這個重點，「瞭解，現在市場上好像很多人做，但良莠不齊，狀況有點混亂。所以我們想要成立協會，來推動建立一個行業標準，到時候再請崴爺來一起『贊聲』？」不用懷疑，崴爺果然立馬就答應了。所以我一定要寫在這裡，就當把他賣囉！

3-2

不管是預售屋的點交，或是中古屋的點交，最近趨勢是朝向找一家專業的驗屋公司。

驗屋趨勢，請讓專業的來！
—— 東龍不動產專任委託部經理 陳泰源

《這個房仲太狠了》作者陳泰源在書中分享很多有趣的故事，可以讓大家更瞭解整個不動產行業。

其中一點讓我覺得頗有意思，因為泰源提到有些屋主想出租房屋，甚至希望房仲代替他跟租客做點交的事情，就會變成跟租戶之間，也有不同角色。我想請問一下通常房子要點交，他們都會對於房仲設定一個很高的目標嗎？

🏠 驗屋是門獨立專業

泰源分享，通常付費的人會覺得做到 100 分也是應該的，唯有做到 120 分，超出對方的期待，才會覺得這個服務費付得值得，當然他們對我們的標準一定比較高，就像我們自己打掃覺得乾淨就好，一旦付費打掃，那個手指頭摸一下，這邊還有灰塵，馬上說：「你給我弄乾淨一點！」甚至連沙發都扛起來檢查。

泰源進一步指出，點交這件事是需要專業的，過去一般講點交，不管是預售屋的點交，或是中古屋的點交，大家都會覺得沒關係，只要有一個專業的房仲，甚至很多消費者會找自己的親朋好友，但是最近趨勢是傾向找一家專業的

驗屋公司。

他說，不動產這個領域真的很廣，千萬不要以為只要跟不動產有關，仲介就什麼通通都懂，這是不可能的事！

驗屋是一門獨立的專業，仲介就是仲介，驗屋師是驗屋師，如果只是希望仲介陪你去看看房子，從速檢查，用一些簡單的程序，不需要任何儀器，當然可以請仲介幫忙。如果希望「驗透透」，還是要請專業的來，畢竟有些東西需要儀器、設備和丈量，仲介的重點只是一個媒合跟銷售，並不具備驗屋專業。因此泰源說：「今天你叫我驗屋，其實我也不敢跟你保證一定有多厲害！」

只是在業界久了，看的房子比別人多，有一些很明顯的問題，可能就看得出來，例如漏水已經漏到眼睛都看到了，當然就看得出來，甚至是聞到潮濕味，產生鐘乳石、油漆剝落等。當我們看得到這些問題，一般人其實也能看得到。

🏠 建立驗屋機制，勢在必行

在訪談的過程，我提出驗屋在中古屋這個範圍裡面，可以看到什麼消費者需求？因為對賣方來講，他可能擔心驗屋會不會把我的缺點都驗出來？

泰源表示，這件事真的很矛盾，今天我是消費者，付費請驗屋公司協助，到底是希望驗出 10 幾、20 幾個缺點，讓缺點全都露，而且越多越好，還是最好是零缺點？一般理性思考是最好驗屋公司都驗不到缺點，可是實際上會有一種「哇！我真的白花錢了」的感覺。

再來是驗屋公司也怕消費者覺得白花錢，就會吹毛求疵，

如果希望「驗透透」，
還是要請專業的來，
畢竟有些東西需要儀器、設備和丈量！

——陳泰源

雞蛋裡挑骨頭，這個時候對於賣方或是建商代銷就會有種「三條線」的感受，他會覺得這個也可以算是瑕疵？到底有沒有專業性？又是誰比較專業？

尤其驗屋是近幾年才興起，開始被注意到，制度面還沒有那麼健全，驗屋公司的品質也參差不齊。有一些公司搞不好自己都不會使用那些檢測儀器，只是因為你付費叫我來驗屋，就演給你看！曾聽過案例，有家驗屋公司提到因為檢測儀器具有專利，不可以讓別人看到，驗屋時要麻煩消費者先到屋外等候，測量完之後，再告知這個房子有什麼問題之類的。

泰源也特別提到，整個行業從上游到下游，真的有非常多不同的專業領域，以羅姐我的瞭解，目前驗屋公司大部分的對象還是建商，因為消費者買了一間新房子，要交屋的時候，陪同建商一起點交。我接著問泰源，目前台灣建商的狀況，經得起驗屋這件事嗎？

對和建商打交道很有心得的泰源而言，他覺得以前或許可以，現在反而不行，大家可能想說不是建築法規越來越嚴格嗎？錯！**因為缺工、缺料、缺機具、人工成本上漲等等因素，對於建商來講，偷工減料已經是最小的問題了，現在已經聽到很多中南部建商根本是在停工狀態，不然就是延遲交屋**，有一些建商發現無利可圖，甚至是賠錢的，於是直接變成爛尾樓。

所以驗屋這件事，政府相關單位若能夠幫忙審核與認證，形成一套驗屋機制，無疑是一件更為重要的事。

3-3

驗屋就像前人種樹，後人乘涼！

——喆璽不動產仲介經紀公司董事長 趙儀君

推廣驗屋觀念，就像是社會住宅和包租代管，都是在做前人種樹的工作，走在前面。

喆璽不動產仲介經紀公司董事長趙儀君，身材高大魁武，在桃園的房仲產業，是一個神級般的知名業者。因為聽過他的一些特殊經歷，想要進一步訪問或請益，才有這場談話。

可惜一開場，就會覺得自己還是「準備」不夠，原來，趙董事長的獨特性，還真的不是三言兩語可以說完！他非常直白地從自己做過快 20 年的公務員說起。光是這句話，我就在想：「嘎？哪樣的公務員可以轉型做房地產業者，一定是地政或是工程吧！」結果答案竟是警政。

🏠 事前佈局，抓住房仲產業的發展契機

優秀且多元化的警政資歷，從管區、刑事，再到航警和獄警等等，再轉身變為優秀而多元化的房地產業者，我相信趙董事長，一定有很多異於一般人的深刻人生歷練。對於所謂景氣變化或是大起大落的產業變遷，也會有更高的承受能力。

雖然趙董事長相當親和，把我當成朋友一般的閒聊，但是，還是可以看出

他在目前順風順水的房仲產業當中，早已經事前佈局抓住後續的發展契機。他的名片上印著「桃園市政府社會住宅包租代管計畫專辦廠商」的名銜。

至於計畫細節，不用在此贅述，重點是「社會住宅和包租代管」，確實是接下來房市進入往下的盤整期，或是因應通膨導致資產變化時，很重要的議題。

🏠 讓更多人住者有屋住，屋屋有人住！

他娓娓道來，因為租屋市場有政府相關規範的保障和支持，且正好是所謂「剛性需求」。

大家或許可以不投資、不旅遊，甚至減少消費，但是一定要有房子住。所以房仲業者，正好可以努力以專業承接這樣的專案，把各級政府為民眾需求的補助，結合房屋所有者（房東）對於出租的管理期望，完整提供社會住宅的整體服務，讓民眾有機會住在符合需求的房屋。

這整套的作業系統，乍聽之下，與以往房仲想要以買賣獲取利潤的核心，似乎有點背道而馳，實際上卻是既穩定又踏實，而且帶有公益色彩的「服務」工作。趙董事長不諱言，他認為，能夠讓更多人「住者有屋住，屋屋有人住」，也是他很重要的「使命」之一。

當然，推動「驗屋」議題，對於社會住宅和包租代管，也是很重要的項目。由於**政府鼓勵一般閒置或是原本做一般出租的民宅，可以透過社宅系統，出租給有租屋需求的民眾，但是若能輔以驗屋環節，能夠讓租屋者有更多保障。**

雖然現在驗屋本身也是剛剛起步的萌芽概念，不管是從

讓更多人「住者有屋住，屋屋有人住」
是很重要的「使命」之一。
推動「驗屋」議題，
對於社會住宅和包租代管，
也是很重要的項目。

—— 趙儀君

業檢驗人員是否良莠不齊,或是提供服務是否恰如其分,都可以接受進一步考驗。

趙董事長語重心長地說:「推廣驗屋觀念,就像是社會住宅和包租代管,都是在做『前人種樹』的工作,走在前面。我們不是不願意種樹,也不是不願意讓後人乘涼。但是就是要有種樹的準備。那麼,你願意種樹嗎?」

謝謝趙董事長的直言不諱,讓我們一起來種樹吧!為房地產整個產業的正向且多元的發展,盡一分力。或許,我們能夠讓更多人一起加入種樹的行列,也是不錯的想法。

3-4

驗屋，就是品管的一部分！——「青埔我的家」臉書社團團長 李佳樺

身為臉書熱門社團的團長，加上在房仲產業的深耕努力，她認為驗屋就是品管！

驗屋就跟品管一樣，產品要經過嚴格檢驗後才能送出去，收到的人也會先做檢驗，驗屋就是協助客戶做驗收。

有些人一輩子就買這麼一間房子，所以更要注重驗屋，「青埔我的家」臉書社團李佳樺團長這麼說。

🏠 專業驗屋檢測，避免細節遺漏

佳樺團長繼續說到，**像我們自己在驗屋的時候，可能會漏掉很多細節，如果交給專業的人員，就能避開這些問題。**

「比方說，我最近委託『標竿驗屋』檢驗一間房子，才發現屋子有那麼多的空心磚、牆壁還有滲漏水疑慮、防水層也做得不夠好，那我就會知道該如何去補強這間房子，即使不是新成屋，但是至少可以避免之後因為下雨帶來的一些損失。」

她也分享個人經驗，在新成屋驗屋的時候，即便是地磚、窗框、玻璃或是門框，在燈光不是這麼明顯的情況下，無法注意到每一個細節，甚至連縫跟縫之間的補土，也沒有辦法做到全面的檢測。

「但你交給專業的驗屋公司，這些

驗屋時，先找出問題，
在搬進去之前，先維修好，
就不用擔心損失或修復工程，
影響到日常生活。

——李佳樺

事情都可以避免，並且可以驗到非常仔細，而且在交屋之前，我們如果都可以把這些問題解決了，住進去之後就不會有維修，以及一直要等待處理的問題！」佳樺的觀點，更加確立了驗屋的重要性。

🏠驗屋，讓自己住得更有保障

佳樺團長說道，團友曾分享一個案例，在驗屋當時沒有問題，因為他們不是專業團隊，所以也不知道怎樣才是標準，只是肉眼看過，沒問題之後就搬進去。

果不其然，第一週就遇到大雨，電視踢腳板下方滲出一些水，跟建設公司協調的過程，其實真的有點漫長，而且一直不斷地等待，甚至嚴重影響到日常生活。

後來，他只好找了外面的水電工程公司，幫他們修復之後，這筆錢也求償無門。

諸如此類的問題，如果在驗屋的時候先找出來，在搬進去之前，也能夠把這些部分先維修好，他就不用擔心家具因為滲漏水而損失，或是在搬進去以後才有這個修復工程，影響到日常生活，所以驗屋就是品管的一個部分。

專業驗屋程序，購屋者的一大福音！

——寶麟廣告副總經理 管清智

法規面和消費意識，共同推動建商在規畫面的進化。

資深的**寶麟廣告**管清智副總經理，和羅姐對談有關一些房地產的發展趨勢，雖然台灣地小人稠，還是有著不同區域的落差。

副總經手代銷的案場，在不同的區塊中，是否觀察到什麼不同？

🏠 公共建設與都市發展，確立青埔核心地位

管副總說，我們在第一線面對消費者，最北到新北，最南到台南，南北各區域的差異，主要來自於公共建設的議題，跟都市發展的方向性，當然也有南北差異，這裡先來討論公共建設跟都市發展的方向性。

以台北市的例子來說，在過去 2、30 年，都市發展是往東走，50 年前台北市的都心在西區，過去 3、40 年很明顯地一直往東區走，信義區開發飽和後就往南港走，都市發展它具有一個很明確的方向性。

現在看到的桃園也是一樣，桃園都市發展是向西行，因為東邊就到大溪，再上去是復興鄉，山上沒有土地，那麼只剩西邊有開發的土地，所以早期中山

高貫穿了桃園市區跟中壢市區。桃園是雙核心的都會區，以此往西走，青埔在過去 20 年就發展起來了，目前以房價的結構角度來講，又或是**以公共建設的多寡跟重要性來講，目前青埔確實已經取而代之，躍升為桃園的新都心，房價也是最高的地方，所以很明顯看到兩大都心有被青埔整合的一個跡象**，未來更明確！

「到底是為什麼呢？」因為再往西走有航空城，現在也如火如荼在動工，它是台灣最大單一的區段徵收重劃區開發案，也是台灣未來 20 年國家發展的重要引擎，航空城的計畫裡，70％的產業專區，10％的住宅區跟商業區，其他就是所謂的公共建設。

這些產業專區與人口就業機會進去之後，他們要往哪邊消費？居住需求要往哪邊移動？交通要往哪邊去做一個樞紐？青埔的核心地位就會更加確定，所以整個桃園的都市發展是往西邊走，主要原因就是公共建設跟整個都市發展，是以此為發展方向。

🏠 台積電議題，造就南二都新興房神？

管副總進一步指出，再者是由於南北購屋差異，這幾年明顯感受到來自於投資置產的效應。

回到自住客關心跟考量的居家面向問題，基本上都一致，自住客本來買房子就是要來住，畢竟我們是華人社會，習慣差異不會落差太大。

這幾年南北的房市議題跟熱度，確實不太一樣，造成差異主要來自於投資跟置產客。我感受到過去 2、3 年，北部相

對是比較健康的置產客為主，所以北部這一波的房價漲幅相對比較合理；台南、高雄這個南二都，則是受惠台積電的議題跟話題。

難道一個台積電就把南部翻轉過來了嗎？羅姐很好奇南部果真如此？管副總則以新竹為例來分析。

因為新竹的房市經驗值走在前面，新竹也是高科技產業的重鎮，房價漲上去的時候，造就了一波電子的新興房神，因為本身就是高科技、高獲利的一個產業收益，他們因為買了房子，前一波就賺了一些錢。剛好遇到台積電跟這些半導體產業要往南走，話題一出來的時候，這群人就複製新竹的經驗往南走，想說若是這樣的話，那麼也就到台南跟高雄買房吧！

因為台積電議題發酵的關係，廠都還沒有開始蓋，就業人口也沒有機會進去，但房價幾乎已經 50% 的漲幅就瞬間拉出來。 這裡面不乏有一些投資客的炒作手法，我認為**這一波南北房市差異，來自於投資的需求**，北部是比較健康的置產區，南二都確實所謂的投資置產客比例是比較高的。南二都現在房價瞬間每坪單價到 4 字頭、5 字頭，壓力會比較大，如果是來到 3 字頭，這些還是剛性需求、通膨後的一個房價漲幅，都還是相對合理，但瞬間漲到 4、5 字頭，大家可能還是要稍微小心一些。

🏠老舊都更，開發時程往往不如預期？

對於雙北來講，雖較少新建設話題，但是有很多老舊都更。

對於都市更新跟危老住宅的政策，管副總抱持著支持跟肯定的方向，但是回到實務上在推廣的時候，難度確實也是非常高，開發時程絕對不如原先預期。

管副總再次補充，如果讓建商選擇的話，還是會選擇新興重劃區，因為開發時程各方面掌握度都比較高，回去做所謂的都更危老的時候，畢竟屋主跟地主的關係多，想法可能比較複雜一些。

由於台灣是民主社會，如果公權力沒有比較強勢一些的話，民間業者來做這一塊，真的是非常辛苦，時間就會遙遙無期，最後變成大型主流的建商比較不願意碰這一塊，都是比較中小型的建商接手。

這幾年房價漲幅很快，以 3 年前來講，大概只有雙北市有談到都市更新或危老，但是這兩年房價漲幅很高，所以管副總的團隊陸續在桃園、新竹、台中、台南，都有碰到危老的案件。

因為危老有容積獎勵，開發成本確實會比較低，但是問題還是在於開發時間、確定性等等，有一些中小型建商可以賭時間，但大型建商要的是輪轉，就小型建商來講，它一塊可以賭個 10 年，所以這種中小型建商會比較往那條路去走。

管副總一直在代銷的第一線，銷售的都是新的房子，若是房價太高，購屋者會不會因而回過頭來，去找所謂的中古屋，或是退而求其次，找能夠負擔的總價預算，消費的方向會是這樣子嗎？還是正好相反？畢竟很多年輕人也都比較喜歡新房子。

從對立轉變成大家幫忙找問題，
就能快點把房屋修繕好，
然後一起提供消費者更好的成品，
其實是一件完美的事情。

——管清智

他認為，這個要看都會區，離開了核心蛋黃的都會區來講，以北北桃為例，到桃園，一般消費大眾還是會比較喜歡買新成屋或是預售屋，畢竟房價負擔得起，但到台北市就非常明顯，很多房子都已經 3、40 年以上，他們不排斥中古屋，畢竟要買新房子實在太困難了。

新房子的發展或規畫來講，跟老房子的狀況有很大不同，包含現在是後疫情時代，大家對於防疫的意識跟以往也比較不一樣。舉例來講，**現在的電梯都有空氣清淨機的設備，以後會變成是主流標配。再來是建材的部分，像 VAF、新風機這些室內循環的系統，或是防霾紗窗都是新式建材，也是因為疫情關係而興起。**

🏠 法規面和消費意識，推動房屋需求的進化

疫情牽扯到更廣泛的面向，台灣明明少子化已經這麼嚴重，人口都快負成長了，房地產難道就沒有機會、沒有希望嗎？我提出疑惑。

管副總分析，我們還是忽略了換屋需求，他常常舉一個例子，現在去買電視機，絕對不可能去買傳統映像管的電視機，還是會去買新的款式，至少是新面板！房子也是一樣。

現在很多新式的規畫跟新式建材，或是現今防火意識的強化，20 年前的中古屋可能只有一支逃生梯，現在則規定要兩支逃生梯，就是怕煙囪效應，法規面也是在持續進化，在房子的衍生規畫上，也會有所提升。

管副總講到一個重點，很多人都誤以為現在新房子公設比很高，但公設比高並非是因為增加健身房、閱覽室、游泳

池，光是樓梯就增加很多，包括以前的法規還允許剪刀梯，後來評估兩個樓梯最好分開來，也是考量到煙囪效應，這些都吃掉了很多公設比。然而老舊大樓沒有這個規畫，我覺得危險性更高，甚至有些很高的大樓卻只有一部電梯，如果哪一天電梯故障了，或是要更換的時候，住戶不知道該怎麼辦。

管副總在討論中指出，現在很多購屋者，大家都在網路群組教梯戶比，一層幾戶，然後要配幾部電梯才是合理的梯戶比，這都是消費意識的抬頭。

以 10 年前舉例，很多大樓就算規畫設計兩部電梯，只有一梯會到地下室，也因為如此，上下班時段就會塞車，變成只能坐到一樓，再轉乘到地下室。基本上這種規畫，因為不方便、不好用，現在市面上已經絕版，不可能再出現了，這些都是法規面或是消費意識推動建商在規畫面的進化。

訪談的最後，我提到一直很關心的驗屋需求，就像以前沒有什麼履約保證，甚至什麼保險的限制等，但是現在好像是新趨勢！消費者在交屋的時候，會把驗屋放在前面。

「管副總有沒有碰到這樣的狀況？代銷的看法又是什麼？」

管副總認為，驗屋這個新興產業，在過去 5 年造成整個房地產很大的變化跟變革，現在驗屋公司確實越來越多，但良莠不齊。

「一開始，我認為建商跟驗屋公司會是比較相對和對立的，因為建商認為蓋房子是他們的專業，但很多驗屋師沒有執照，他就只是一個裝潢工人，又或是一個水電工人，只能

從本身職業的單一角度，去思考整個建築的規畫，甚至來做檢驗，所以一開始是處於對立面。」管副總說。

當然這個新興產業在發展的過程當中，他們也越來越專業，包含早期看到的，不是本科系的人來驗屋，到現在基本上可能會是相關產業的人來驗屋，甚至驗屋的機器設備也有所提升，**從對立面開始，一路發展到現在，他們的職責就是幫消費者把關，建商端後來執行了一段時間，發現確實多一道驗屋程序，幫購屋者去檢驗房子，我們也非常歡迎。**

於是，從對立轉變成大家幫忙找問題，就能快點把房屋修繕好，然後一起提供消費者更好的成品，房子順利點交了，建商也收到了錢，其實是一件完美的事情。

所以管副總對於驗屋產業，抱持正向樂觀來看待，只是這裡還是要呼籲，驗屋需要一定的專業程度。「專業對專業」，事情比較好溝通，怕的是「不專業對專業」的時候，就變成大家說不清了，也會造成消費者更大的損失。

此外，管副總特別提到「專業跟對專業」，購屋者是比較不專業的一方，坦白講，也有一些建商在交屋的過程中，就是因為購屋者不專業，所以他傾向先交屋，心想：「你先住進去，我把錢收了，要不要維修、後面有什麼事情再說！」所以消費者才會覺得有點不安心，於是找了一個第三者。

消費者找第三者，當然希望來檢驗的人具有專業，如果找一個跟自己一樣不專業的人，在那裡發生爭論，其實是浪費大家的時間，對吧？

羅姐我認為，驗屋是站在專業的第三方，而不是來「做

公親」，需要從專業的角度來看整件事，有時候也要說服消費者，因為房子就是這樣蓋，也不可能就好像毫無瑕疵，是不是？

🏠 專業公正第三方，為買賣方注入潤滑

管副總指出，專業對專業、就事論事把事情處理好，這是代銷端跟建設公司非常希望的一件事。

面對第一線消費者，當消費者不專業時，我們用專業的術語也是很難說明清楚，**今天若有一個專業公正的第三方當中間的角色，如同潤滑劑一般，才可能達到雙贏、三贏，甚至於是四贏，接下來要做裝修也會比較順暢。**

談了很多房地產相關的問題，羅姐很想知道，到底年輕人現在還有沒有機會買房？在這樣一個未來一直升息的趨勢下，如果他們想結婚、生小孩，需要有個安定的家，不能一直租房子，到底有什麼買房策略？

「我覺得剛性自住需求的年輕人，首購第一間房子時，不用去思考現在景氣的多空。」管副總補充道。

因為最關鍵的利率，還是在相對低水位，通貨膨脹已經很嚴重，副總常問周邊朋友一個問題，感受過去一年實質的通膨是多少？聽到的答案少則 5%，多則超過 10%，絕對沒有一個數字是政府公布出來的 2% 到 3%！

目前一直是低利率結構的情況之下，實質通膨一直非常高，所以，**若第一間房子是剛性自住需求，需求到了，買就對了，這是首要原則。**過去 2、30 年，作為自住需求，只要買了，長期持有，大多會是贏家，不要被新聞議題、網路群

組左右了自己購屋的想法。

　　第二個原則是量力而為。 不要口袋只有 2 字頭的房價購買力，硬要去撐 4 字頭，第一個不好住之外，後面又得面對繳不起房貸的風險，量力而為很重要，現在很多 2 字頭的地方，像桃園比較外圍的觀音、楊梅、大園，滿多年輕人來此置產，副總表示抱持支持的態度，可以利用交通時間來換取房價的彈性。

　　畢竟一間房子無法滿足一個人這輩子不同階段的需求，不可能一次到位，唯有等到未來購屋能力提升了，再來思考換屋的可能性，現階段還是要量力而為。

　　最後，非常感謝管副總撥出時間，為我們分享以上專業的見解，相信對於想要驗屋的消費者，一定會有很實質的參考價值。

找一家好的驗屋公司，真的很重要！
——「好房網」資深記者 林和謙

專業房地產媒體工作者，怎樣看待房地產和驗屋趨勢，我們一起聽聽林和謙的說法。

對於一般購屋者來講，最關心的事莫過於：「現在到底可不可以買房？到底什麼時候，才是好的買房時機？」

今年（2023）以來，房市景氣似乎開始往下，大家就期待房價會不會跌？房價一跌，很多人會想：「我等了這麼久，終於可以買房了！」

透過房地產媒體「好房網」資深記者林和謙的分享，經過這麼多業者的洗牌，以及對於景氣的觀察，從他媒體角度來出發，到底現在是不是一個買房時機？

🏠衡量財務能力，千萬別墊腳尖買房子！

林和謙表示，自住剛性需求的買房民眾依舊很多，但去年3月央行開始升息，一直到今年的3月，共升了5次，總共升了3碼，其實對於一般民眾，房貸壓力更沉重。以貸款1,000萬、還款20年來說，一整年可能得多支出2、3萬跑不掉。

其實現在利率都超過2%了，以貸款1,000萬、還款年限20年來說，跟去年初比較低的利率1.375%相比，每個月還

款從 47,600 元，至今已達 51,100 元，等於每個月就增加 3,000 多元，一整年加總就是 4 萬左右；若以貸款 1,000 萬、還款年限 30 年期來算，每個月貸款會從 33,000 元增加到 37,000 元，都是每個月增加幾千塊，1 年下來就是增加幾萬塊。

對一般民眾而言，壓力其實是會有的。目前看起來，房市有點在下行的狀況，現在很多人都在期待、等待房價下修的可能性。

羅姐我是這麼覺得，房價下修有時還是無法把這些落差補過來，而民眾期待房價下修，可能跟現在市場觀望的氛圍，還是有所落差的，請問房地產所謂的下修，真的有修嗎？

林和謙指出，預售屋市場幾乎是沒有什麼動力，因為**這幾年建商購買土地的價格、原物料成本的上升，工人缺工、工資調升，整個營建成本會提高，一定的程度必然反映在房價上**，否則建商的利潤會縮水。因此，預售屋的價格幾乎沒什麼修正，頂多某些代銷業者會比較努力服務購屋者而已，但是實際上，價錢還是撐在那裡。

在南部，像高雄、台南就有資深的銷售人員跟和謙說，高雄預售屋現在其實滿多案子賣不太動，因為價格已經在一個比較高的水位了。價格撐上去以後，要讓它下來真的有點困難，前面買房子的人搞不好會抗議，進而影響後面銷售。

對於代銷業者來講，他也不會輕易降價，但現在買氣不好，可能會以送家電、送裝潢，或是用低自備，可能 50 萬、60 萬就可以訂簽一戶等等，更甚是用公司貸，例如民眾跟銀行貸了 8 成，公司、建商再貸 1 成，以這樣的方式，讓購屋

者覺得比較容易買得到房子。

但一般自住客買房，頭期款是一個問題，畢竟房價已經到一個高點，頭期款對於一般受薪階級，困難度很大，建商看到買氣又不好，就會使出這些手法來吸客。但是還是要提醒大家，必須衡量自己的財務能力，不要墊腳尖去買房子，因為後面的負擔還是會慢慢出現。

🏠 買預售屋，注意建商品牌跟口碑

那麼一般中古屋呢？很多買房者會覺得好像預售屋遙遙無期，而且通常預售屋的價錢會比較高，大家就會退而求其次，或依生活機能的方便性，比較偏好選擇中古屋，中古屋的價錢應該也會有鬆動吧？

林和謙則直言不諱地說，現在就成屋跟預售屋來說，有個不一樣的地方是預售屋在付款上，它會比較輕鬆，因為可能前期付一個訂簽，然後再分期付一些工程款，像成屋的話，可能一次要拿出 2 至 3 成自備款，1,000 萬就要 2、300 萬自備款，對普遍的受薪階級，算是不小的金額。預售屋還是有它迷人的地方，付款比較輕鬆，然後又可以做一些客變。

如果是自住客要買預售屋，要特別注意建商的品牌跟口碑，因為這幾年缺工、缺料，怕一些建商為了省成本會偷工減料，可能買到的房子會有一些瑕疵，導致未來出現漏水或其他問題，這是必須要很小心的地方，更要注意建商的口碑、信譽，多看、多比較、多議價。再者，2023 下半年的議價空間也許會比較多一點。

剛剛提到預售屋品質，羅姐自己最近關心的議題，就是

所謂的驗屋，亦即建商把房子蓋好了以後，要交屋給購屋者的過程當中，在缺工、缺料的狀況下，整個新成屋可能在交屋的時候，品質確實有一點不如預期。

若一般的消費者對驗屋比較不熟悉的話，或許在交屋的過程中，就被糊弄過去了，到實際入住時，產生一些問題，就更顯現驗屋是一個重要觀念。

林和謙對此完全認同，他說**驗屋真的是非常重要的一個課題，也是一個必要的過程**，過去台灣民眾對驗屋的觀念還沒有這麼關注，但是這幾年驗屋公司越來越多了，市場上出現非常多的驗屋公司，找到一家好的驗屋公司真的非常重要。

「現在沒有法律規範驗屋公司到底應該長什麼樣子，或是驗屋人員要有什麼樣的專業條件或證照，並沒有一個清楚的標準。」他補充道。

打個比方，驗屋公司就是尺，拿不對的尺去量測，不管量什麼東西，可能量出來的結果也不是消費者要的，即所謂的驗屋蟑螂，素質既不好，驗出來的結果更無法期待，甚至為了要賺錢就隨便驗一驗，或是說這邊有問題、那邊有問題，沒有一個標準，很容易造成民眾跟建商之間的對立，實際上可能根本沒有問題，或是驗屋過程沒有這些瑕疵，只是驗屋公司想賺錢亂說的，呈現一個素質參差不齊的狀態。

🏠買房雙重點：合乎自住需求、可負擔

因為採訪而跑遍全台的林和謙表示，這一波房市大概會經過一段中短期時間的盤整，雙北因為是政經中心，就業機會多，然後交通便利、產業發展穩定，以及都會區的一個地

位，雙北房市算是比較有支撐性，像新北一個很熱門的新市鎮，可能像林、三、淡，像林口算是發展得很好了，現在有 Outlet、機捷、多條公車路線，再加上有長庚醫院、新市鎮綠地，整個商圈也都發展起來了。那邊成屋的屋齡大概落在 10 到 15 年，所以價格普遍來講，兩房跟三房這種熱門的房型，價格都落在 1,200 多萬到 1,300 萬左右，甚至到 1,800 萬左右，這個價格已經不低了，畢竟有一些自住需求。

我覺得買房首要合乎自住需求跟可負擔，像林口或是淡水，除了現在有一些新成屋或新古屋，價格會比屋齡較老的中古屋稍高，有些自住民眾衡量自己財務的預算或收入，就會去找一些可能屋齡較老的，約 20 幾年、30 年這樣的公寓或華廈。

其實總價大概是比較低的，像林口新市鎮旁邊的老街區，可能就有總價 600、700 萬的公寓物件，符合雙薪家庭每個月負擔房貸的能力，甚至林口旁邊有一棟國宅，也是非常老的一個物件，附近平均價格大約 10 萬出頭，國宅大概就是 7、8 萬塊。

講到這個，可能大家真的會覺得生不逢時，有時候看到以前的房價跟現在的房價比起來，真的是覺得永遠都追不上，而且薪資都沒有漲，在這個房地產發展的過程當中，和謙也發現新世代的哀怨。

根據目前統計數據，買房的年齡層（即主要的購屋主力）從過去大概 30 到 50 歲，升高到 40 到 50 歲，就代表購屋主力的年齡往後拉，因為房價已經太高，所以大家必須要延後購屋的時間。

驗屋公司就是尺，拿不對的尺去量測，
就像沒有一個標準，不管量什麼東西，
量出來的結果，
可能也不是消費者要的！

——林和謙

🏠 繼承趨勢成高峰？留意自家房契

　　未來會有幾個趨勢，一是真的有自住需求的人，買得起的話，可能就去找符合自身能負擔的物件或是區域；或是不想買房，可能就持續租屋；有些人則會等家中長輩的房子，用繼承的，就是有可能不想買了，直接放棄購屋念頭。

　　現在甚至有那種地上權住宅，沒有土地擁有權，只有房屋的使用權，像這種地上權住宅的市價，就會比一般銷售的住宅，大概可以打 6、7 折，像這種**地上權住宅適合一些單身或是不想生小孩的頂客族，他們不用留房子給後代，地上權的住宅可能使用年限 70 年，未來也許是一種趨勢**，是可以考量的選項。

　　但是台灣人依然普遍存在「有土斯有財」的觀念，還是希望擁有自己的房地產，不管是要買預售屋，就是慎選建商口碑跟信譽外，或是買成屋，現在成屋市場有一些中古屋賣房，若屋主急需換屋或是有現金需求，在房市買氣不佳的情況下，也許議價空間會比較大，或許雙方可以取得較好的平衡點。

　　最後，再次提醒大家還是要買符合自己能負擔，不要超出自身太多能力的房子。

　　剛剛對談中提到有關繼承的比例，一些數據顯示，繼承是否也會變成一個高峰？

　　林和謙表示，內政部有統計，這幾年的繼承趨勢是往上，而第一次買賣移轉的登記（就是買新成屋）反而有點往下，這也是一個值得注意的現象，因為房價高，所得沒有跟上房

價漲幅，所以大家買不起，就只能等待繼承長輩、父母親的房子，或是乾脆租屋。

針對這個現象，政府可能就要多蓋一些合宜住宅或是社會住宅，即「量體」要夠；或是可以透過大眾運輸導向型發展（Transit-Oriented Development, TOD），把捷運往外擴，蓋一些比較合宜、平價的住宅讓年輕人居住，藉由這樣的概念，政府自己找營造廠來蓋，土地由政府管理，不要把土地標售給建商，或許是一個可行的政策。

我看到有個新聞說：「沒有人繼承的土地創新高！」或許回家挖挖自家地契，或是把老家的牆面敲開，搞不好有日據時代或是阿公的阿公留下很多房契都未知，可以趕快去辦理繼承（笑）。

和謙在房地產的市場中，談到買房合適時機的時候，果然提供了一些新想法，包括新的購買趨勢或未來發展，值得我們參考。

建立驗屋標準，是一件很好的事情！
—— 台灣室內設計裝飾協會理事、
合瑪設計總監 張彥騰

驗屋這一塊，以建設來講，即機電、工程、消防三個檢驗方向，也是房子的命脈。

本篇邀請「設計以人為本，裝修從心考量」的合瑪設計張彥騰總監（以下簡稱張總監），來聊聊驗屋這件事。

🏠 依循電工法規，彼此檢驗方向不太一樣

羅姐：請問一下張總監，為什麼你會覺得驗屋在整個房地產行業裡，慢慢變成一個比較新的議題？

張總監：其實在以前，不外乎是工地主任，再來是設計師與銷售來幫忙驗屋，但是從 5、6 年前開始，就慢慢有驗屋公司的成立，成立以來，客戶總覺得請設計師或工地主任驗屋，好像沒有什麼保障，因為他們有時候只用口頭陳述，或是貼貼紙、現場做記錄而已，重點還是在後面的室內設計。

現在驗屋公司會出具報告書，指出哪個地方會有什麼樣的缺失，例如：電工法規規定一個總開關匹配多少個插座，他們都會檢驗。基本上，還是以電工法規為主，因為法規一直在修改，所以設計師、工地主任在驗屋的時候，可能跟驗屋公司的檢驗方向比較不一樣。

現在的驗屋公司以數據去驗屋，有

很多配備，比如說電錶、鋼筋掃描儀、雷射筆、水平儀、熱顯儀等等，甚至探測器（亦即暱稱「小老鼠」的微鏡頭）去探測水管有沒有堵塞，這就是比室內設計師來得更專業，當然設備很專業，每個人都買得起、用得起，但很多東西透過設備不見得都能看得出來，就需要靠專業和經驗。

🏠 儀器作為輔助，不能導果為因

張總監補充說道，儀器只是用來輔助，不能導果為因，變成好像有儀器，就會驗屋！

驗屋主要還是要靠經驗跟專業的累積，例如這個樑有沒有裂、有沒有歪，甚至在結構上，比如說牆面有沒有強化、會不會滲漏水？再者，窗框旁是不是會裂？這些都需要依靠經驗。

此外，就是 RC 的部分，以前驗屋有 RC 跟加強磚造，RC 的驗屋方式又跟加強磚造不太一樣，兩者結構上不同，但是現在絕大部分還是以 RC 為主。

基本上，以我們過往驗屋經驗，就是檢驗冷氣排水會不會通，再來要把浴缸或水槽的水放滿，然後去測漏，測排水順不順，管路有沒有漏？現在，只是把它更加數據化，交給具有專業的驗屋公司來執行。

羅姐：就流程來看，假設一間房子從建設公司蓋好了以後，交到這個消費者的手上，然後再交到裝潢，是不是有一份驗屋報告，對室內設計師來說，也會比較好依循？因為至少可以知道 Before 跟 After，不要到時候裝潢做到一半，責任歸屬不清，無法釐清是誰的問題，會不會有這個功能存在？

張總監：其實驗屋公司對建設公司比較有關聯，因為在我們進場前，基本上就得全部再驗一次，以弱電的網路、電話、電視來講，網路一定是抽掉重來，因為很多網路必須延長，在延長的情形之下，不可能使用對接，就必須整條抽掉；電話或許可以用接的，但依我們的做法，還是會抽掉，因為都要重驗；電視的訊號、cable 線也是抽掉，我們也不可能接。

因此，就需要檢測整個網路、網點的線路通不通，有網路、網點測試器，上面呈現出跑馬燈──1、2、3、4、5、6、7、8，跳了之後，就知道這條線通不通，這也是以前驗屋的一些方式。

若是光纖線，就需要光纖的人才一起相驗，這就是比較專業的部分，但是正常網路線、電話線、電視線，我們就是檢測這條線有沒有通，因而常常在驗屋的時候，就會碰到建設公司交給客戶的某幾條網路線不通，若是沒有經過裝潢、驗屋公司的檢驗，客人根本不會知道。

驗屋這一塊，以建設來講，即機電、工程、消防 3 個檢驗方向，也是房子的命脈，驗屋報告對於消費者而言，至少在機電和工程具有一個憑證，但是實際上以室內裝潢來看，還是要重新來過。

🏠 裝潢前後的驗屋，雙方的保障

羅姐：如果是對水平或是垂直，這個部分會不會有幫得上忙的地方？

張總監：基本上是會有幫忙，假設一道牆如果沒有做好的話，可能會有垂直、水平的落差，但建設公司也只有用補

土去補救，硬補到接近正角，搞不好那裡可能是櫃子，我們要貼其他的面材，所以實際上的作業並不是那麼重要，但總是有一個憑證，對屋主而言，也是一份保障。

羅姐：我想請教張總監，就整個室內設計而言，驗屋公司現在努力推動這件事情，但是另外還有一個關鍵，即裝潢之後的驗屋，常常發生室內設計師已經把事情做完，可是業主可能又有不同的意見跟想法，若「照合約」就馬上跑到對簿公堂。但如果有一個驗屋的角色來幫忙的話，有沒有可能會發展出這樣子的做法？

張總監：有可能，因為建設公司這一塊已經發展出來，它可以有比較簡單的數據，在室內設計這一塊，它的數據就會比較多，譬如以接近家具類的，每天的生活用品上，每個人要求的水平不同，室內設計公司所做出來的裝潢也不同，而**驗屋公司應對室內設計公司完成案子來驗的話，相對標準會分成很多種**。這一塊要發展起來，其實需要有一定的數據。

以預算來說，50 萬的裝潢，需要驗到什麼程度？80 萬的裝潢，需要驗到什麼程度？1,000 萬的裝潢，需要驗到什麼程度？裡面還有很多材料的問題，比如說油漆的漆面厚度等，再來是表面材質、底材，以及設計公司會不會出具材料證明等的問題。

相對於客戶來說，會有「加價問題」，如果最後要去做這些檢驗，可能在一開始報價，就變成是我一定要有這個費用，不然不知道誰出錢，假設 300 萬的裝潢，就算是驗屋的費用可能 3 萬元，也要講清楚到底是誰要支出這筆費用。

驗屋公司不該是「射後不理」，只是把問題放大的單位；建立一個好的驗屋標準，對業界來講，都是好事一件！

——張彥騰

🏠 推行驗屋之前，確立標準刻不容緩

羅姐：我個人比較想要推行驗屋，或是在協會裡面有機會的話，能夠推動包括像是零甲醛，或是採用自然材質等等，是不是也可以給消費者一份保障？不過當然可能需要整個環境的配套，才有機會成功吧？

張總監：基本上，以我們公司來說，都是採用低甲醛材料，至少達 70%，每一場案件在結束之後，就會先去驗甲醛，因為甲醛的逸散率、釋出量，在空氣品質的檢測上面來講，設計公司應該要去做檢測，即我們對自己的案子有多大的把握。

我們在使用材料上，也是因人而異，沒有辦法說每一間設計公司，都必須得去做這件事情，只是某幾間設計公司，甚至像我們的工會、協會裡面，基本上大家都會去推行「健康宅」、「綠建築」這些很重要的新概念。

再來，我們講到「健康宅」跟驗屋這一塊，它又是兩個領域，其實以人、以住宅環境來講，建設公司交屋、驗屋，只是一個基礎，就室內設計師驗屋，如果要做到這一塊，可能就要訂定一些標準，不然設計師跟客戶之間常常有官司產生，因為驗屋公司的標準跟設計公司的標準不太一樣。

驗屋流程怎麼驗？基本上也不外乎就是機、工、消，還有裝修面，但是以現行法規來說，室內設計所做出來的，比如說插座通常都無法符合機電安全標準法規。

建設公司通常給的插座數量跟安培數，都是基本需求。以設計公司來講，大部分因為客戶都想要很多的插座，有時不給又不行，給了又要注意是否符合用電安全標準。

我們通常會跟客戶說，可以提供一定的數量，但是不能多給，多給就會造成後續的安全問題，加上又不能把安培數的安全標準降低，只能把安培數變大，讓它的匹配變多。

但建設公司給的箱體不一定足夠，有時候也還會有這樣子的問題，而不只是事後的收尾。

羅姐：我本來的想法是，把裝修工程合約拿來比對，但以目前來講，新成屋的驗屋比較偏向「看到什麼是什麼」，並沒有拿合約來對。其實應該是要對合約，包括牆體的厚度、粉刷的厚度等等。理論上，應該都是可以被檢驗的，但現在比較沒有做到這一塊。

不過，室內裝修的部分就一定要做了，因為用的是哪一種木材，不要講建材，光是平整度就會有落差，櫃子的兩個門對起來，到底平不平整？有些室內設計的廠商不會很在意，覺得這叫「可用」，可是有的消費者要求會比較高，碰到像這樣的問題，不曉得張總監的看法如何？是勤於溝通，不要把它列為推廣「驗屋」這塊，而到底怎麼樣的溝通，才會讓這個東西比較容易變成一個大家的標準？

張總監：其實以剛剛提到的，門片的平整度、櫃體的平整度，並沒有一定標準，櫃體門片採後掛式，跟本體一定會有小誤差，屬於正常現象，要看業主能不能接受！

其實整體都是靠設計師的功力，即設計師怎麼要求施工、安裝廠商的品質，除了油漆和櫃體，安裝燈具也會要求平整度。

所以很多東西是我們怎麼去看待這個標準，通常驗室內

設計裝潢的案件，第一個是對數量、對尺寸；再來是施工品質，就是平整度、膜厚，比如以前是木皮上漆，現在很多科技木都不上漆，以前是對膜厚，拿一支膜厚測試器去測試，如今是驗櫃體的平整度、桌面、桌板的平整度、水平度。

再者是驗門板、門片有沒有翹曲；五金配件有非常多可以驗的部分，例如：螺絲、C 腳鏈、門後腳鏈等，有沒有鎖好、有沒有缺少？假設有 5 個螺絲孔，有的師傅就只鎖 3 顆螺絲孔。

上述問題就要看設計公司跟設計師如何要求工班、廠商注意。**當設計師交給業主的時候，設計公司本身就需要有一個自主檢驗的要求。**

🏠 驗屋，不該只是把問題放大！

羅姐：每一個環節，如果都可以做到「好的要求」，驗屋只是最後一個整合，而不會變成好像要有驗屋公司，來當「挑錯」的老師，發現這個東西沒有做好、那個東西沒有做好，應該是每一個行業把東西都做好了，拉高整個標準，才是消費者的福氣。

張總監：不過，現在有些驗屋公司好像本末倒置，都是刻意要去挑毛病，這是現在驗屋碰到最大的問題。

對於建設公司、設計公司而言，也都認為驗屋公司好像是「射後不理」，只是把問題放大的一個單位，但是當問題放大了之後，又沒辦法解決，出具一份報告就沒他們的事了。對建設公司、工程人員，甚至設計師而言，大家都覺得「它」是一個頭痛人物。

我們希望用不同角度來做這件事，可以好好地溝通，至少我的理念是如此，先不管其他業者，若用一個協會的角度來說，希望以後能夠有推廣的標準，如果我們不站出來，就會讓其他人用他們的標準，最後不知道要做到哪裡去了。

驗屋是一個很好的方向，因為它算第三方公正單位，我們也很贊同有驗屋公司這個行業出現，為什麼？因為做得好，也要有人給我們拍拍手，若是做得不好，當然也會被記缺點，甚至會被貼上標籤。

只要是手做的東西，一定會有小狀況、小問題，我們認為這些小狀況、小問題是可以被解決的，只是很怕這個小狀況、小問題，客人把它無限放大！

因此，驗屋要有一個範圍，而不是每一個問題都把它放大，就像手工貼的瓷磚，一定會有一點點的小誤差，但是當視線看過去，基本上仍是平整的，就是可以接受而不誇張的程度。基本上，這樣的範圍在驗屋來講，有些是真的會去丈量瓷磚空隙的大小不平均，而造成施工單位的困擾。

現在驗屋幾乎沒有什麼特定標準，每一間驗屋公司都是自己做自己的。事實上，有些東西是在合情合理範圍內，建立一個好的驗屋標準，對業界來講，都是一件很好的事情！

驗屋第三方公證，就好似房租的租約！
——昌宇建築土木包工有限公司總經理 李明溯

當收驗得越精準，對住戶其實是一個保障，讓買賣雙方都有共同意識。

驗屋環節中，除了建設公司、設計裝潢公司，中間還包含許多專業的從業人員。

這裡就邀請到昌宇建築土木包工有限公司的李明溯總經理（以下簡稱李總），進一步來談談驗屋的想法。

🏠驗收，各建設公司的管理規定都不同

羅姐：請李總來談一下，對於驗屋這件事的看法？

李總：以前對於驗屋，我們甚至在柱頭會拿 90 度鋼角尺量，誤差大於 2mm，都會直接敲除，重新再施作，樑身、樑寬都不能大於 5mm，這個東西的既定標準是每一間建設公司自己所制訂。

一般為什麼會用 2mm 的誤差，作為一個評斷？因為施工、機具、鋼構都有一定的標準誤差值，手工當然誤差值一定會更大。基本上，驗收在各建設公司的管理規定都不一樣。假設地磚的高低差 1mm，算不算合規？以前都是以訛傳訛，網路資訊的發達，大家認為 1mm 就是一個誤差，但是在瓷磚生產過程中，繞曲度就會造成貼地磚時的誤差，不可

能做到百分之百全平。

因此，1mm 誤差是容許範圍內。但是今天要制定地磚驗收標準時，就變成連材料廠商出廠，我們都要去驗收。

因缺工、缺料，驗收品質參差不齊？

羅姐：執行整個工程的過程，李總也有將近 20 幾年的經驗，在經歷過各種不同的建設公司跟工地，現在自己也開始從事驗屋工作，會不會覺得要整合這些單位很困難？因為每個人都有不同的做法。

李總：整合確實有相當程度的困難，因為要連同材料的原廠商就要制訂，但是這些基本的材料廠商，其實已經存在一些建築技術規則，甚至建築規範、材料規範。

尤其在很多公共工程裡面都有相關規範，只是部分建商為了節省成本，不會使用規範內的材料，可能選用比它更低一階、兩階、三階的材料，或是因現有缺工、缺料的關係，合格的工也很難找，而且這些合格的工很多只做一場、兩場，就出來當小老闆了，自己帶徒弟等等。

因此，合格又願意來做的工更少，業界有時候難免會因為趕時間，導致後來驗收時的品質，真的是參差不齊。

從材料商去制訂，到統合整個一般公共工程的規範，都有容許誤差量，台灣所謂的容許誤差量，其實都比國外更嚴謹好幾倍，只是有沒有確實執行而已。

收驗得越精準，對住戶越有保障

羅姐：有時候所謂的自住宅，不一定要有一個那麼嚴謹

如果透過協會或成立驗屋公司，
可以有一個共識去做第三方公證，
一旦驗屋標準被制定出來，
其實是最好的方式。

——李明溯

的標準，那是沒有意義！但是差分、差寸，跟實際上眼睛感覺到的，或是自己居住的品質，還是有差別，這是為什麼想推動成立協會的原因嗎？

李總：談到驗屋，我們**收驗得越精準，對住戶其實是一種保障，希望買賣雙方都有共同意識，一個第三方公證就好似房租的租約**，也是會建議有第三方公證，跟律師公證是一樣的意思。

如果透過協會或成立驗屋公司，可以有一個共識去做第三方公證，一旦驗屋標準被制定出來，大家所驗出的品質都是一樣，其實是最好的方式，不會變成我認為這樣子沒問題，你認為那樣子算沒問題，出現各說各話的狀況，這就是未來期望的目標。

支持驗屋立法，期許保障消費權益
——桃園市議員 黃崇真

驗屋行業興起，透過一些科技設備或是用標準檢驗方式，為購屋者起到保護作用。

在整個房地產行業裡，我常常跟別人開玩笑說：「你買了 1,000 萬的房子，大概會有 40 萬到 50 萬的房仲費，但是驗屋的費用大概只有 1.5 萬！」所以整個房地產的行業，它是很小的一塊，可是它現在是一個很重要的新議題。

本篇特別邀訪桃園市議員黃崇真（以下簡稱黃議員），暢談關於驗屋議題的延伸看法。

🏠 標準檢驗，為購屋者起到保護作用

羅姐：我們可能會疑惑，為什麼有驗屋行業的存在（包括我自己也成立「標竿驗屋」），以前我們買房子也不需要履約保證，可是現在買房子，誰敢沒有履約保證？因此它是一個觀念的推廣，於是有「中華民國全國驗屋標準推廣協會」的成立，我們已經跟內政部完成申請了，大部分組成成員都是桃園的專業人士，但是為了符合內政部的規範，我們也結合了 7 個縣市的人才，同時成就了《羅姐談房屋檢驗攻略標竿：預售交屋、成屋交屋、中古屋驗屋程序輕鬆上手！》這本書的出版。

這本書除了「我是青埔人」談驗屋

的概念以外，我也邀請了各行各業的相關達人，幫「驗屋」這件事來創造議題。我很感謝「我是青埔人」社團的支持，但社團先放一邊，我們先來談驗屋，我不曉得議座對這個議題是否感興趣？

黃議員：驗屋在最近這幾年，算是滿新興的一個產業，為什麼要有這個產業？以我個人來講，我是非常怕麻煩的人，記得買第一棟房子，遇到要驗屋的時候，我是上網去找，用那種土法煉鋼的方式，一塊一塊敲、放水，或是做一些很基礎的檢驗，但也不盡然可以找出所有的問題。

現在有**驗屋行業興起，透過一些科技設備或是用標準檢驗的方式、一些達人經驗的累積，可以找出不管牆壁是否平整，或管道間是否漏水等根本性問題**，先要求建商去做改善，可以幫助消費者在未來產生問題時，起到一個保護作用，有所依歸就可以減少很多問題。

另外，還有一個很現實的問題，就是現在的房價越來越高，買一間房子動輒 1,000、2,000 多萬，驗屋費用只需一萬多塊，比例相對非常低廉，花一點錢交由專業人士來協助，省掉很多事情，又可以買個心安，我認為是滿划算的交易。

🏠驗屋標準立法，保障消費權益最好的方式

羅姐：跟議座報告，我的企圖或是看事情都傾向看得更遠一點，依照粗淺瞭解的美國經驗，他們在買賣房屋的時候，需要附上驗屋報告，銀行才可以貸款，這個對整體交易來講，是非常好的一件事情。

因為銀行貸款，尤其是中古屋，甚至於從雙北到桃園有

若交給專業的人來驗屋，
既能查出問題的所在，
又能保障消費者權益，
不失為一個理想的做法。

——黃崇真

很多老舊房子的轉手，其實是沒有驗屋機制，它會變成是由房仲或是買方擔負責任，而銀行照樣撥款。

若是把「驗屋」加上去，變成一個必要條件時，對於買賣雙方來講，其實是一份保障，也不是保障一定都檢驗得很好，並非這個意思，而是至少知道屋況如何，對銀行的撥款也是很好的佐證，而不是只看一張權狀而已，最終的期望是透過「中華民國全國驗屋標準推廣協會」有了基本的標準，下一步則是推動立法，我希望協會能夠朝向這個目標努力並前進，雖然有點遙遠，但這是我的期許。

換句話說，桃園一方面人口增加，一方面它是個新型都市，再者，避免重蹈雙北的覆轍，有非常多的老舊房子莫名的轉手以後，沒有保障後者的安全；甚至是在銀行放貸的部分，桃園在成長，但銀行的放貸卻仍舊很保守，直到桃園房地產起飛了以後，貸款才跟上來。

如果能把驗屋這個行業做起來，對桃園來講，說不定也是一件好事，這是我自身的想法。針對這部分，議座您覺得有沒有可能往立法的方向推動？

黃議員：若是有留意到最近的新聞，台北市蔣萬安市長針對社會住宅的部分，他要推動驗屋費用的補償，亦即他鼓勵社會住宅裡面，不論是購買社會住宅或是租用社會住宅的人，驗屋程序都需要完備，由市政府提撥經費補助一萬元，提供給消費者，鼓勵找驗屋公司來檢驗。

站在政府的立場上，可以分為幾個角度，政府現在發包了公共工程，假設都沒有弊端，但它可能也會有一些建築缺失，有建築缺失的話，擔任責任的人是市政府本身，因此他

們也鼓勵透過第三方驗屋的單位，找出房子裡面的各個缺失。一般來講，市府在查驗只能針對一些機電、結構，屬於大範圍的，沒有辦法針對個人的狀況，這些缺失假設不找出來，沒有人負責，3、5 年後可能就是消費者要自行負責了。這個部分，我想市府的出發點其實是好的。

對於桃園市政府來說，個人覺得這個部分也不是不能推動，假設驗屋收費機制的標準範圍是在一萬多塊，對比起千萬總價的房產而言，若是可以買一份保障，買一份安心的話，當然是最好。

剛剛提到屋況的部分，中古屋在交易上面可能更有問題，買賣中古屋時，漏水問題可能很嚴重，甚至是不是漏水也搞不清楚，是水管漏水？還是結構漏水？是你家還是鄰居漏水，都很難搞得清楚，這個部分若交給專業的人來驗，既能查出問題所在，又能保障消費者的權益，我認為是滿理想的做法。

不過，在**推動立法上面來講，應該會有幾個問題點需要克服，就是這種全國性的協會對於標準收費的部分，當然會有一個基礎規範**，對立法才有依據，若是它的價錢就像律師收費，有一個比如表定 8 萬塊是標準費用，它不能落差過大，立法以後，這種浮動式的狀況不能造成消費者的負擔，這是滿重要的問題。

第二點是在第三方驗屋這個工作來講，到底要做到什麼程度才是確實，這也是我們民意代表，不論是立法委員或地方議員，想要把這個驗屋而程序推進去時，如何確保消費者權益，然後做成一個標準行為，而必須要留意的地方。當然業者也有良莠不齊的問題，因此該做的事情還有很多。

我本身是抱持支持的態度，因為保障消費權益最好的方式，就是由第三方公證單位來確認這些事情。

期許費用補助，協助住戶驗屋

　　黃議員：現在社宅是多數地方政府的一個主要施政目標，包含中央也是。

　　針對社宅驗屋這個區塊，也有人建議桃園市政府是否比照台北市政府，可以撥一些經費，讓桃園市社宅的住戶，雖然不似合宜住宅可以購買，假設住戶對品質有疑慮的話，補助一點費用讓住戶去做驗屋，使之可以住得更安心一些，畢竟市政府驗屋都是驗大項、大範圍，住戶住進去，若是出現房屋漏水、結構等糾紛、抗議事項，或是像前一陣子中壢社宅有失火的情況，諸如電路的迴路、負載順不順暢、有沒有問題，驗屋就變成一件滿重要的事情。

　　羅姐：我想協會就是希望朝這個方向走，並非要求立法要一步到位，但是至少把這個風氣或是方向找出來了以後，大家一起往這個目標前進。最後，再次謝謝黃議員的分享。

買房之必要，驗屋之必要
──地產秘密客 Ting & Sam

除了驗屋工具，最重要是得瞭解每一個工具的使用方法，以及數字、數值背後的意義。

「地產秘密客 Ting 與 Sam」（以下簡稱「地產秘密客」）是兩位在自媒體界很紅的組合，據說，參觀訪問過上千個台灣的預售建案，當然是因為她們之前在《蘋果日報》工作，就是主跑房地產新聞。

後來自行出來創業，也是一樣「在江湖走跳」，稱她們為房地產業的「女子天團」，應該是很貼切的形容。

透過這次機會來和她們兩位對談一下，跟大家分享相關話題，我就直接用對話體來呈現吧！

🏠深夜莫名腳步聲擾鄰，我人卻不在家！

羅姐：妳們在業界到處訪談參觀，是否先帶大家認識一些新的概念？

地產秘密客：因為後疫情時代，大家滿注重家人的健康，近期滿流行防疫的建材，另外，因為一些名人的關係，民眾也關注到隔音的部分。最近有一個滿指標的建案，標榜全室隔音，現在大部分的案子，地板大約 15 到 18 公分，加上新的法規有規定，需要加裝隔音墊，此建案特別之處在於除了地板加厚到 28

公分之外，梯廳也有做吸音棉設計，訴求達到一個完全安靜的社區，算是比較特別的案子。

最近才發生一件事情非常有趣，前陣子去了清邁，回台的隔天早上，就收到管理室的簡訊：「不好意思，黃女士，請麻煩深夜的時候，放輕妳的腳步，然後穿厚底拖鞋！」我就嚇到，想說我住在這個社區十幾年來，第一次被投訴耶！內心就覺得天啊，深感懊惱。

羅姐：更嚇人的是，妳之前不在家耶，不是更奇怪嗎？（難道農曆 7 月到了？我心裡默默想著。）

地產秘密客：我雖然不在，擔任工程師的先生馬上跟我說：「那一定是妳呀！妳一回來就被投訴，前幾天我一個人在家也沒被投訴！」然後他就說：「黃女士，妳要放輕腳步。」我就有一點嚇到，想說我明明就是一個好鄰居，為什麼會發生這件事？而且住在這十幾年來，沒有被投訴過！

我就仔細回想了一下，到底是幾點就寢等等，後來發現是因為我們家的樓板厚度可能沒有特別加厚，加上瓷磚曾經爆裂、膨拱過，後來整個拆掉，直接裝了超耐磨的木地板，所以走路可能要放輕腳步，不然很容易吵到樓下，這個部分應該也是大家都蠻困擾的狀況。

聲音的傳遞不只有樓地板，可能還會從管道間或是窗戶，像 Sam 之前就遇到一個非常有趣的實例。

前陣子剛好有名人新聞鬧得蠻大，大家開始特別留意聲音的問題，當時有位鄰居反映，樓上住戶的小孩半夜都蹦蹦跳跳，吵得他沒辦法睡覺，已經私下跟鄰居說，但是鄰居從

一開始表示很抱歉，到後來都是已讀不回，他也不知道該怎麼辦。

　　加上這名投訴的住戶，他們家有一個出生的小嬰兒，當時才 5、6 個月大，所以聽到一點聲音，就會嚎啕大哭，非常敏感，新手爸媽也是非常崩潰，本來已經不太會照顧小孩了，小孩又一直半夜哭鬧。社區主委沒辦法，只好在大半夜去他家坐了 6 個小時，只為了聽聲音、找尋來源。因為這種時候其實很難判斷到底是樓下住戶敏感，還是樓上真的有在製造聲音。

🏠隔音宅、防疫宅，因應趨勢與需求而生

　　羅姐：難怪隔音宅可以當作一個主題來推。回頭來講，剛剛提到的防疫宅，我倒是蠻好奇，因為在疫情比較嚴重的時候，曾經看過建商推出防疫宅，後來發現它其實就是「當層排氣」，亦即在廁所裡頭，就算你要抽菸或幹嘛，當層就排氣出去，認為比較不會有管道間氣體互通的問題，是不是這樣子的意思？還是有別的定義？

　　地產秘密客：這是現在建案普遍看到的工法，當層的氣體可以直接排出去，不會上下流竄，以前在 SARS 的時候，香港有一棟大樓就是管線互相串流，所以導致病菌都會在隔戶之間傳染，這種方式已是基礎的防疫設備。

　　現在有些防疫社區的做法，會是全部都是零接觸的社區，包括人從進入到大廳都是自動門，然後是用手勢叫電梯，完全不用觸摸到電梯面板，包括收發室也是會經過第二道，第一道是經由管理員先進行消毒，住戶進去之後完全不會接觸

我們自己買房子都有找驗屋公司，
我覺得真的要驗得比較準確的話，
找驗屋公司是一件蠻重要且省事的做法。

——地產秘密客 Ting & Sam

到病菌，具有很多防疫的設施，凸顯防疫社區的特色。

建商會評估如何把這些設備效益最大化，現在有**很多建商選擇防疫電梯，就是電梯裡面本身就有空氣清淨的功能，現在還有一種紫外線的消毒殺菌，成為最新配備**，而不是只有放一瓶酒精在那裡，進入電梯就把它當作防疫的過程，一個防疫通道，又增加了一個題材。

🏠空間需求越來越小？舒適度為優先考量

羅姐：最近有沒有比較有趣的房地產話題？目前是小宅當道，妳們是否有發現房子真的越蓋越小，每一戶也越蓋越小。

地產秘密客：因為現在家戶比大概是 2 點多，就等於一戶家人就只有兩人住，大家對於空間的需求越來越小，加上現在房價又這麼貴，建商因為要壓低總價，蓋的坪數也越來越小。像我自己住的是兩房，但 10 年前買的時候，權狀是 31 坪的兩房，相對地，它的尺度會比較好。

我們家的客餐廳面寬就已經快要 6 米了，其實很難得，若是 31 坪換到現在，建商一定會做到三房，就可以把房間數拉高。我們甚至也看過有 18 坪做到兩房兩衛的，非常厲害。

通常我們就跟粉絲說，加 1 通常不是一間房，它可能就當成書房或是一個開放式的空間，或是作為儲物空間，只是一個小角落，所以常常會看到房地產廣告說什麼「888 萬買三房」，會讓人很心動，可是到了現場之後發現：「天啊，怎麼那麼難用！」我們還是蠻建議如果是兩房，權狀至少要到 28 坪以上，可能會比較舒適一些。

對於現在很多購屋客來說，要達到這個空間尺度其實是滿難的，加上現在很多人買房子是去接待中心，看到那個空間很漂亮，於是就買了。

但是接待中心裡面的樣品屋，展現出來的空間，可能跟實際上得到的樣子非常不同，如果是要買小宅的人一定要特別注意，我們是說合適的尺度是如此，當然還是要視每個人的購屋預算，來決定要購買的大小。

🏠 找專業驗屋公司，有其必要性

羅姐：大家也知道我最近「斜槓」了一家驗屋公司，驗屋的部分在兩位目前的接觸上，有沒有覺得它是大家會開始關心的議題？

地產秘密客：我們自己買房子都有找驗屋公司。我覺得真的要驗得比較準確的話，其實需要非常多的工具，像以前傳統的驗屋，會說拿小夜燈或者是彈珠就足夠了，但是很多東西的測量需要有專業道具的輔助，才能得到比較正確的結果，比如像是牆體的含水度，或者是工業用的內視鏡才可以看見那個管道。

一般人不會去買那些器具，而且光是要找齊這些工具就頗有難度，加上這些配備的花費跟找驗屋公司的費用，兩者也相差不多，**最重要的是還要先去瞭解每一種工具的使用方法，以及這些數字、數值背後的意義有沒有超標**等等。因此，我認為找驗屋公司是一件蠻重要且省事的做法。

羅姐：加上一般購屋者也不見得有這樣的專業，對兩位來講，看了上千家的房子，可能也覺得我自己驗一驗就可以，

可是妳們也會覺得找專業的驗屋公司，有時也還是必要的，對吧？

地產秘密客：確實有其必要，像我昨天去一個新竹的案子，總共只有30戶，建商說這一個社區全部都是園區客買的，他們每一戶都有去請驗屋公司來驗，所以其實大家對於這件事都很重視。科技人、工程師對於這種數字的判斷，已經很有敏銳度了，可是他們還是找了專業的驗屋公司來做這件事，代表這件事非常必要。

羅姐：可是驗出來，如果問題說大不大，說小不小，那該怎麼辦？與其這樣，還不如不知道就好了（笑），不然說那個牆壁含水量含多一點點，但也沒到漏水的程度……。

地產秘密客：建議還是要請建商做修復，假使交了屋、過完戶之後，如果遇到耍賴或什麼的，然後不理你，購屋者就會很麻煩，問題也就會變得更嚴重。

我也滿建議，現在想要買房子的長輩，驗屋時還是要有年輕人陪伴，像我們就有朋友的爸媽驗完屋之後，朋友就進了這間房子，他就發現為什麼那個馬桶是歪的，然後他爸媽竟然說：「沒關係啊！反正就這樣啊，可以用就好了！」長輩是老實人，也不太好意思反映，就覺得沒關係。

🏠銀髮宅、通用住宅，回歸居住實務面

羅姐：所以，馬桶真的一開始就裝歪了！因此，這個也是要有專業的人士協助，不一定是協助年輕人，包括樂齡族也都是需要這些幫助。

提到樂齡族，妳們之前也有特別提到，有些粉絲是年長

者，銀髮宅有哪些地方需要注意的？

地產秘密客：我覺得銀髮宅的內部設計，有一點要非常注意，就是通用設計的部分，即**無障礙空間之外，還包含到整個室內有沒有尖角**，都要去把它做圓，因為老人家可能容易摔跤，整個浴室的止滑都要特別留意。

之前有看過通用住宅的設計，如果老人家行動不便，它是連上方可以把老人家拖起來，同時架設好移動的軌道；還要特別留意到這個門的寬度，因為不是每一個門都可以讓輪椅推過去，需要注意的細節非常多。

如果**一開始就留意到這些通用設計的話，等自己或家人進入銀髮的年紀，甚至是後來可能已經需要人家協助的時候，生活上會方便很多。**

因為考量到了這點，所以買了一間電梯大樓的房子給爸媽住，在去年初的時候，我媽在捷運附近跌倒，後來就是緊急開刀，我的心裡就滿難過的，覺得老人家每天要爬樓梯，又要追垃圾車，就會覺得：「天啊！70 幾歲的長輩還要這樣子，讓人心疼！」

後來，搬進新的社區裡有管理員，他們超開心，覺得好像搬到那種豪宅裡面，有人可以幫忙收發包裹，又可以直接在社區倒垃圾，不用再追趕垃圾車。雖然空間變小了，但是現在有一個趨勢，就是銀髮族會選擇把大房子換到小房子，這也是另外一個很重要的趨勢，因為老了就怕「大厝難打掃」。

以前老房子都放很多當年的珍藏，其實慢慢到了一個年

紀之後，那些東西就不再是那麼需要，反而是照顧身體變得更重要了。

老年人最難的就是斷捨離，那時候我爸媽從舊家搬到新家，有一段非常痛苦的時間，因為他們有很多回憶，像是還找到很多那種 CD 或是卡帶，現在根本就不會用到的物品，賣了也不值錢。

我媽還說：「沒關係，這個可以留下來！」我就說：「媽，這是卡帶耶！英文片語的卡帶，現在可能也用不到了。」她則說：「可是那時候花一萬多塊買的，很貴耶！丟掉很可惜！」所以家人**在斷捨離這一塊，始終是一個學問跟難題**。

羅姐：我認為，地產秘密客是兩位實戰經驗豐富的媒體人，講到了真正的關鍵，她們看了這麼多房子，也在自媒體的部分以地產為主，或是像我寫了一大堆跟房地產有關的事情，其實最後還是要回歸到生活面和居住使用上，才會變成實際，其他再多的投資、獲利或是裝潢美觀，那些都是空的啊！

PART 4

特別收錄｜
驗屋推廣理念與實戰工具

驗屋有望成為買賣房屋的必備流程，不但提高物件在銷售上的信任度，也讓消費者有個安心的保障，就像是一種「履約保證」。

當買賣雙方對於屋況發生爭議，此時若有第三方公正單位，經過專業的儀器測試，協助判別問題點，可以減少糾紛。

本篇彙整協會專家談驗屋推廣，以及驗屋必備工具，提供讀者更全面的驗屋概念。

4-1 「中華民國全國驗屋推廣協會」理監事談驗屋

　　一群關心房地產發展的業內業外人士，因為看見市場的變化、需求的增加，為求能夠實現居住正義、居家安全，讓台灣房地產業從上到下更加健全，進而推動「驗屋」，期望政府建立完整的市場制度及法規，協助社會大眾瞭解「驗屋」所帶來的好處，所以齊心努力成立協會，並致力推廣驗屋理念及驗屋標準發展。

協會發起人暨籌備會會議。

林口我的家團隊──陳信誌協理

（從事不動產行業 30 年，歷任永慶加盟總部、房仲門市店長、房仲直營體系區主管等）

「驗屋」雖然現在還是一個很新的概念，但未來可能成為像「履約保證」、「漏水保固」一樣，變成買賣房屋必備的流程。因為**經過「驗屋」之後，能夠降低買賣雙方在交屋之後，卻因屋況瑕疵而引發的糾紛。**

對於驗屋的內容，詳盡地分析說明，可以讓消費者及房仲從業人員，更深入理解驗屋的優點，開始接受這項服務概念。

如能讓屋主在處理不動產時都主動驗屋，提供驗屋報告，不但能提高該物件在銷售上的信任度，相對沒提供驗屋報告的物件更有優勢，也讓消費者有份安心的保障。

🏠 青埔我的家團隊──李雯華店長

（從事不動產行業 17 年，房仲門市店長、房仲體系區主管等）

從事房地產多年，雖然驗屋這個名詞耳熟能詳，但一般客戶對驗屋還是一知半解。

就像早期履約保證剛開始實施時，大部分的客戶接受度還不高，認為我房子賣了，權狀交了，為什麼沒有辦法拿到錢？但因為詐騙手法層出不窮，客戶對於交易安全越來越重視，現在每件案子客戶第一句話就問：「有做履保嗎？」多了第三方共同監督與保管，客戶對於買賣都非常安心。

如同驗屋，當買賣雙方對於屋況上發生爭議的時候，大家肯定各執己見，如果這時候有**第三方公正單位，經過專業的儀器測試，就可以馬上判別問題點，讓買賣雙方都可以快速溝通與協商**，不用為了糾紛而勞心勞力，勞民又傷財。

如果經由驗屋結果，每間房子都有「驗屋報告書」這份報告書，就如同「房子健保卡」，讓客戶一看就瞭解屋況，就可以減少糾紛，也可以讓客戶買得放心。

永慶不動產（青埔 IKEA 加盟店）——劉秉逸副店長

（從事不動產行業 17 年）

成長於青埔，我是道道地地的青埔人——劉秉逸（大秉），不動產工作是大秉的第一份工作且是至今唯一的工作，而青埔是大秉至始至終唯一無二的服務區域。

因為這份不可取代的情感，讓大秉知道，這不單單是份工作，而是使命。

為了使台灣房地產的品質更上一層、提升服務品質，驗屋已是逐漸不可分割的重要環節之一，尤其「青埔」作為國家大門第一站，讓世界看見台灣的首要國門，更是要搶先一步帶領房地產業蛻變。

🏠 永慶不動產──陳龍聖店長

（從事不動產行業 10 年）

現代人買房子的條件跟過程中，驗屋其實是一筆重要的資金，買到一間房子，大多不可能住幾個月或是幾年，就想把它賣掉，一般都會以長遠、自住的方向去看待這件事情。若是現金條件非常充足的人，可能會買新成屋，但新成屋也可能遇到驗屋的問題，更不用說中古屋更容易遇到。

當你投入了一筆龐大資金在一間房屋，住在裡面當然是求安全、安心，家人必然也是這麼希望。但是買了一間房子之後，很多東西都是在使用過程中，才會發現有狀況，例如：衛浴設備有水的進出、有流動，它會從縫跟縫之間流出去，這可能是工法的問題，或是屋齡稍微長了一點，但這個部分是第一眼看不出來的。

在買賣房子的過程中，我們需要確認的就是門窗、衛浴設備、結構體的安全，這些東西確實要請專業人士協助檢驗，以便我們能夠瞭解這間房子的隱形成本是什麼。一般買房子就很簡單，買方可能會有契稅、代書費、銀行的規費、各項條件的費用，這些都是隱形成本，不會列入在購買的部分。

假使房子花費 1,000 萬、2,000 萬、3,000 萬不等，主要還是因為自己喜歡，或許是大樓外觀、地點等外在條件，可是內部安全的結構卻無從得知，只能從肉眼判斷好與壞。若是**請這些結構技師或是驗屋人員，幫房子做一個全屋健檢**，檢查完畢之後，就可以清楚知道這間浴室有什麼樣的狀況、門窗可能壽命到哪裡，或是老舊情況，後續需要再花多少錢等等。

前面提到，1,000 至 3,000 萬不等的房屋型態與條件，以及室內設計裝潢、結構體內部的條件，裝潢費可能需額外花費 100 至 300 萬，修繕費可能增加 50 萬、100 萬，是否有將這些可能性考量在內？在買這間房子時，若有這些專業人員幫忙做評估跟規畫，將來要不要修、使用壽命多長，就可以預估隱形的成本。

我認為買了房子，住進去之後，都想要一勞永逸，即便是做了裝潢、土木工程等等，這些東西都是硬體設備，一用就是 10 至 20 年，不可能等到問題發生了，再去維修。

相對地，如果做了大量裝潢，發生問題的時候，是很難知道的！因為水是無形物，很難看得清楚，例如：**裝潢的木作最害怕的就是「火」跟「水」，遇水之後，木頭吸飽後就爆掉了，裝潢也就造成損失，若是在使用的過程中，水再更大呢？會不會威脅到人身安全？這些都是看不到的無形殺手。**因此，我認為請專業的人員來幫忙做這件事情，具有非常加分的效果。

另外，本書針對美國跟日本的案例進行蒐集，日本是連租賃、退租，都要請專業的驗屋公司來做驗屋，再跟租方申請修繕的金額；美國則比較特別，是他們在買賣前，直接先做驗屋的動作，如果是賣方要賣之前做驗屋，金額可能會因為瑕疵而有被砍的風險成本；如果是買方出驗屋資金做檢驗，若有瑕疵，修繕部分就會跟賣方做協調。

不管是歐美或是全世界，台灣目前仍然沒有人做這一塊。我認為就像買車，一定有「認證」跟「保固」，相對地，依我們買賣房屋的條件，若是跟建設公司買，這間房屋當然是

新的，可能有一個保固期，多一份安全；但如果是中古屋的交易，希望政府要做這部分的推廣，不只是民間想要達到這個層面，因為決定權不在我們，所以希望政府共同推動。

在中古屋的交易市場，假設驗屋可以列入買賣條件中，就像「健檢資料卡」，我可以告訴買方，什麼東西壞了，賣方可以很明確知道東西壞掉，若買方同意不維修，但在總價可以做減免，讓買方自行修繕的動作，就是一個「誠實告知」的概念。

如同前述，買房可能花了 1,000 萬、2,000 萬，隱形的成本又增加了 10 至 50 萬不等的話，我認為是可以拿出來，做一個大概的探討，就房仲人員的角色來看的話，有時候是買方買房住進去之後，就開始跟我們說屋況有什麼問題。諸如此類，其實對我們房仲人員也很不好意思，可能在買賣的過程中，確實沒有發生問題，屋主也沒有要欺騙，但這個房子可能久了，或其他未可知的狀況，可能搬家有了移動，或是裝潢不免有敲打等等，等到買方住進去，狀況確實就發生了，他第一時間一定會來究責房仲跟賣方不老實、未告知。

如果有做驗屋的程序，我認為對房仲人員是一個很大的保障，因為可以很直接地跟買家說：「我們知道有這樣子的問題，但已在總價金做減免，或是在賣給你之後，也可以再做什麼樣的減免方向……。」讓大家對於買賣方向比較明確，也減少爭議，更不會一直去調解委員會，甚至鬧到要互告，我認為驗屋是非常好的做法。

最後，希望政府單位可以審慎評估驗屋的可行性，協助減少糾紛的產生，這些都是未來值得被探討的面向。

🏠有巢氏青埔 A18 高鐵加盟店副店長──黃馨慧副店長

（從事不動產行業 10 年）

家是庇佑我們的地方，許多人努力了很久，才存錢買到屬於自己夢想中的房子。

不管是中古屋或是新成屋，驗屋、交屋是一個程序，而驗屋也自然成為重要的環節。一方面為了安心，同時避免裝潢後不必要的問題和糾紛，另一方面選擇提前做檢測，瞭解房屋有沒有狀況，並且處理好，讓人放心和安心。

如同現代人都會做健檢，其實我滿希望大家一起推動政府，提倡驗屋補助，讓賣方願意誠實告知房屋現況問題，也讓買方願意接受和共同處理，政府也相同能減少處理糾紛的時間和資源。

驗屋不是我們的專業，所以必須要交給專業人員，有了第三方，相信不管是中古屋、新成屋，都能妥善的解決並處理好問題，而不是等到發生爭議時，常常會有究責或是拖延交屋時間、金錢支付多寡等問題。

買屋、賣屋，都是一件歡喜圓滿的事，讓驗屋公司提前幫忙做好這件事，我真的覺得非常重要！

🏠臉書社團「青埔高鐵買屋租屋大小事」管理員──林榆恩

（從事不動產行業 8 年）

人生最重要的事，莫過於結婚、生子、買房子，家是永遠的避風港、創造甜蜜、幸福與快樂時光的地方！

無論是新成屋、中古屋，甚至是老屋翻新，任何買家都希望除了安全交易、買得安心，更能住得舒適！

試想自己交屋後的房子，如果發生漏水、爆磁磚、大小零件損壞、機電設備不預期斷電，買到的可能是一肚子氣！多次成交的買賣，聽過離奇的分享，自己更能深刻體會驗屋的重要性。

在交屋前，釐清買賣雙方責任及保固、修繕問題，更是刻不容緩需注意的事項，透過專業的驗屋團隊，科技儀器的檢測技術，讓購屋者更放心，也可以省下日後的修繕經費，獲得最大的良善。

（從事不動產行業 2 年）

買房是一個重要的投資，因此確保房屋的品質和狀況是非常重要的一件事。「驗屋」是一個重要步驟，幫助確定房屋是否存在任何問題，以及將來可能需要進行的維護和修復。

驗屋是一個專門的檢查程序，旨在確定一間房屋是否存在任何潛在的問題或缺陷。這個過程通常由一個經驗豐富的專業人員進行，他們會進行詳細的檢查，包括房屋的結構、牆壁、門窗、水電等等。

驗屋對於任何想要購買房屋的人來說，都是非常重要的一環。它可以讓你確定房屋是否存在任何潛在的問題或缺陷，並且幫助購屋者瞭解將來可能需要進行的維護和修復工作。通過驗屋，可以避免在購買房屋後，遭遇費用高昂的維修和修復問題。

驗屋需要由一群經驗豐富的專業人員進行，因此需要找到一間信譽良好的驗屋公司。可以詢問當地的房地產經紀人，或其他房屋擁有者，以獲得建議。一旦找到了專業人士，可以安排驗屋的時間，讓他們進行詳細的檢查。

專業驗屋必備工具分享

工欲善其事，必先利其器。

除了師傅的經驗談以外，工具也是不可缺少的輔助技能，更是新手入門的好幫手。

以下，帶各位讀者認識驗屋的基本配備，以及它們的功能，自己動手驗屋就會更好上手。

01 標籤膠帶／紙膠帶

將出現瑕疵的地方貼上膠帶，方便標記位子，拍照記錄及後續核對時才不會漏掉。膠帶可以選用「箭頭型」不殘膠標籤貼，不僅可以區分區域及顏色，也更加方便清楚標示出瑕疵的位置。

02 小燈泡

選用 110V 專用的燈泡，用以測量插座是否過電，以及辨別總電源開關處，連接是否正確。

依家中的插座數量，購買足數的燈泡，檢測起來才會準確，也能節省時間，一次完成。

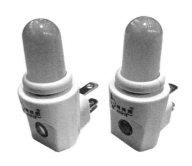

03 垂直尺

垂直尺可以測量各牆角及梁柱腳是否呈現 90 度垂直。

購買垂直尺時，請選用至少 30x20cm 的規格，畢竟是測量牆角梁柱的尺，可不能太小把。

04 水平尺

用以測量各水平面，如：牆面、地面、桌面、門檻、水槽、門面等，是否有歪斜的狀況。市面上有各式各樣的水平尺，功能豐富的水平尺還帶有刻度、燈光，甚至是丈量伸縮尺。買上一把，即使是平日在家，也用得上呢！

05 滾珠棒

可以伸縮的滾珠棒，可輕
輕敲擊或使用滾輪在各平
面上，用以聽測磁磚牆面／地面等空間，是否有空心的狀況。
有些人會用鑰匙或是榔頭敲打，這是不行的！鑰匙太小會忽
略掉很多細節，且高處無法測量，榔頭則容易不小心敲破磁
磚邊角，請購買一支伸縮滾珠棒，好好地測量空心問題，才
不會弄巧成拙喔！

06 手電筒

當室內光線不足時，用以補強視線，
並可照射在水泥／油漆／批土上，以
清楚確認是否平整，有無裂痕。
手電筒是居家必備品，只要能照亮，
就能使用，若是沒有的話，買一支當
作居家備品吧 ！

07 便攜式熱顯儀

可連接手機設備，並將相機鏡頭
對準測量物，可以確認該處的水氣含
量是否偏高，用以評估是否有漏水疑慮。
一般家中不常見熱顯儀，設備費用單價也較高，
若要操作相關檢測，還是交給專業的來吧！

他山之「房」可以攻錯：
美國與日本驗屋參考網站

由於美國在各方的先進程度，值得參考仿效，包括台灣很多房仲制度，也都源於美國經驗；因為匯率關係，日本房地產好像相對便宜，實際上，別忘記日本房地產的高持有稅率。我們的重點不是買賣投資，而是房地產交易時，美日對於驗屋這件事也是「鉅細靡遺」，同步提供大家參考。

【美國網站】

1、為什麼要驗屋？　　2、實地驗屋清單　　3、交屋前的驗屋技巧

【日本網站】

4、房屋安心工程檢查　　　5、新住宅驗屋基本解說

6、買賣要驗屋，租賃也要　　7、驗屋的重要性

（2023.5 查閱）

美國驗屋報告實例分享

　　這裡提供一份美國實際的驗屋報告，擷取相關內容（驗屋報告書封面、檢驗記錄照、檢驗項目表格），讓讀者有機會一窺堂奧。

　　這份報告是「中古屋交易買賣」的必備資訊，需要有驗屋報告，銀行才有可能核准貸款。

　　請參照以下擷取資料，可以看到表格項目區分很細，且在瑕疵或需要注意的地方，會有完整圖片做記錄，以方便新屋主評估接手後，是否需要修繕。若有較嚴重瑕疵，可能也是議價條件之一。這樣的驗屋報告，通常是由房仲公司建議或是協助原屋主進行，以利買方參考。

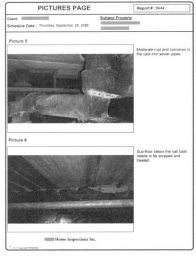

Page 17 BATHROOMS

Report # : 9444

KEY: (1) Recommend evaluation by a structural engineer/geo-technical engineer   (4) This item is a safety hazard - correction is needed
(2) Recommended evaluation and repairs by a licensed contractor   (5) Upgrades are recommended for safety enhancement
(3) Refer to qualified termite report for further information   * This item warrants attention/repair or monitoring

LOCATION: Bath A Hall   **B** Guest   **C**   **D**   **E**

72 Toilet   ☐ N/A   Appears serviceable   ☒ A ☒ B ☐ C ☐ D ☐ E

Toilet loose at floor*	☐A ☐B ☐C ☐D ☐E	Loose toilet tank* ☐A ☐B ☐C ☐D ☐E
Recommend new wax seal (2)	☐A ☐B ☐C ☐D ☐E	Cracked Base * ☐A ☐B ☐C ☐D ☐E
Water runs continually in tank*	☐A ☐B ☐C ☐D ☐E	Foreign material in Bowl * ☐A ☐B ☐C ☐D ☐E
Does not flush properly*	☐A ☐B ☐C ☐D ☐E	Moisture around toilet (2) ☐A ☐B ☐C ☐D ☐E

Comments:

73 Sink   ☐ N/A   Appears serviceable ☒ A ☒ B ☐ C ☐ D ☐ E   ☐ Hot & cold water reversed*(4)

	☐A ☐B ☐C ☐D ☐E	Corrosion under sink* ☐A ☐B ☐C ☐D ☐E
Faucet appears serviceable	☒A ☒B ☐C ☐D ☐E	
Sink faucet leaks*	☐A ☐B ☐C ☐D ☐E	Damage at sink faucet* ☐A ☐B ☐C ☐D ☐E
Low water volume*	☐A ☐B ☐C ☐D ☐E	Corrosion on supply valve below sink* ☐A ☐B ☐C ☐D ☐E
Drain appears serviceable	☒A ☒B ☐C ☐D ☐E	
Slow draining*	☐A ☐B ☐C ☐D ☐E	Sink drain stopper non-functional / missing* ☒A ☐B ☐C ☐D ☐E
Rust / corroded drain line*	☐A ☐B ☐C ☐D ☐E	
Leaking drain line (2)	☐A ☐B ☐C ☐D ☐E	Improper drain trap (2) ☐A ☐B ☐C ☐D ☐E
Counter & cabinet		Restricted view below sink* ☐A ☐B ☐C ☐D ☐E
Appears serviceable	☒A ☒B ☐C ☐D ☐E	
Damage to counter*	☐A ☐B ☐C ☐D ☐E	Deterioration to cabinet* ☐A ☐B ☐C ☐D ☐E
Grout needed at counter*	☐A ☐B ☐C ☐D ☐E	Moisture damage below sink* ☐A ☐B ☐C ☐D ☐E

Comments: The drain stopper was not operational in the hall bath.*   Screen missing on hall faucet.*

74 Vent / Heat   ☐ N/A   Appears serviceable   ☒ A ☒ B ☐ C ☐ D ☐ E

Comments:

75 Bathtub   ☐ N/A   Appears serviceable   ☒ A ☐ B ☐ C ☐ D ☐ E

Damage to tub*	☐A ☐B ☐C ☐D ☐E	Not applicable to this bathroom ☐A ☐B ☐C ☐D ☐E
Faucet appears serviceable	☒A ☐B ☐C ☐D ☐E	Moisture damaged wall (2)(3) ☐A ☐B ☐C ☐D ☐E
Hot & Cold water reversed(4)	☐A ☐B ☐C ☐D ☐E	
Damage at faucet*	☐A ☐B ☐C ☐D ☐E	Constant dripping at tub spout(2) ☐A ☐B ☐C ☐D ☐E
Drain appears serviceable	☒A ☐B ☐C ☐D ☐E	Drain stopper not operational* ☐A ☐B ☐C ☐D ☐E
Slow draining at bathtub*	☐A ☐B ☐C ☐D ☐E	Grout needed tub to wall* ☐A ☐B ☐C ☐D ☐E

Comments:

76 Shower   ☐ N/A   Appears serviceable   ☒ A ☒ B ☐ C ☐ D ☐ E

Damage to shower walls*	☐A ☐B ☐C ☐D ☐E	Not applicable to this bathroom ☐A ☐B ☐C ☐D ☐E
Grout needed at shower walls*	☐A ☐B ☐C ☐D ☐E	Cracked tile(s)* ☐A ☐B ☐C ☐D ☐E
Moisture damage to wall (2)(3)	☐A ☐B ☐C ☐D ☐E	Caulking needed at floor* ☐A ☐B ☐C ☐D ☐E
Slow draining at shower	☐A ☐B ☐C ☐D ☐E	Floor needs grout* ☐A ☐B ☐C ☐D ☐E
Leaking at water valve(s) (2)	☐A ☐B ☐C ☐D ☐E	Low water volume at shower(2) ☐A ☐B ☐C ☐D ☐E
Leaking at shower head*	☐A ☐B ☐C ☐D ☐E	Shower diverter non-functional(2) ☐A ☐B ☐C ☐D ☐E
		Unable to determine if glass is tempered* ☐A ☐B ☐C ☐D ☐E
Enclosure appears serviceable	☒A ☒B ☐C ☐D ☐E	Not applicable to this bathroom ☐A ☐B ☐C ☐D ☐E
Glass does not appear to be tempered*	☐A ☐B ☐C ☐D ☐E	Corroded fixtures* ☐A ☐B ☐C ☐D ☐E
Broken glass*	☐A ☐B ☐C ☐D ☐E	Doors difficulty to operate* ☐A ☐B ☐C ☐D ☐E
Caulking needed at enclosure*	☐A ☐B ☐C ☐D ☐E	Damaged enclosure* ☐A ☐B ☐C ☐D ☐E

Comments: Uncertain of the water tightness at the bottom of the guest shower walls.(2)

Notice: Determining whether shower pans are watertight is beyond the scope of this inspection.*   © i.T.A Copyright 1993/2000   **Page 17**

歐 · 陸 · 零 · 售 · 筆 · 記

德 國 市 場 遊

可以學 x 可以看 x 可以吃 x 可以買

100 天橫越歐陸 5600 公里
行銷達人深入國際零售市場的
「實境壯遊」

朱承天（Rosida）—— 著

為什麼，老闆週日不開店？——消費者是最好的老師
除了「它」，什麼都不賣？——深度＋廣度，只賣刀子也能賺！
咦，連鎖店有點不一樣？——連鎖店的經營心法
這間店，為什麼賺錢？——零售管理實戰精華

30 年資深行銷人帶路，一起窺探歐洲、德國的行銷訣竅！

本書特色

- 借鏡國外消費市場，提供業內人士產業升級的參考指南
- 旅遊兼考察的零售壯遊，30 年行銷經驗，最實在分享
- 資深行銷人的零售洞察，集合市場趨勢、陳列技巧、管理心法
- 道具陳列、行為觀察、提高客單價等，超實用行銷技巧全收錄
- 臺灣品牌現況的在地剖析，整合零售、流通、商場的創意行銷

零售點睛術

美西 2500 公里 ✕ 歐洲 8000 公里的商機科普筆記

點看成金，玩轉商機大無限！
市場實境 SHOW，鮮活碰撞，
後疫情時代仍百顛不破——

朱承天（Rosida）—— 著
陳仁嘉（Ivy 老師）—— 繪者

30 年資深行銷人，橫跨歐美八國的紙上實境秀，帶領一窺世界零售市場的商業文化！
一窺美國、英國、波蘭、荷蘭、比利時、盧森堡、法國、德國，鮮活零售、生猛文化、出奇攻心、推坑產品……。

本書特色

- 不只是購物指南，更是「創業者」的參考書
- 融合 30 年的實戰經驗，結合市場趨勢及管理心法
- 玩轉商機實境 SHOW，一起窺探歐美國家的行銷訣竅
- 主題旅行開闢新徑，一邊玩樂，一邊學習其他國家的零售技巧
- 全書搭配作者實地探訪拍攝照片，全彩印刷，方便讀者沉浸其中

金窩、銀窩，不如自己買的窩！

拒絕糊弄，買房眉角全解析；好房入手，避開陷阱實況轉播。

羅姐談好房：
行家引路 x 竅門破解 x 實戰入局
購屋自住私房秘笈

朱承天（Rosida）——— 著

琳瑯滿目的建案 DM，條件寫得好
誘人，住了才知道都是話術。房地
產的眉角既深且廣，好房達人羅姐
帶你避開購屋雷區。

無論你正在存錢買房，或者已經在
看房的路上，買房新手會遇到的問
題，這本書全都提出來，讓你可以
「自然而然」找到心目中的好房。

本書特色

- 好房達人買房購屋細節教戰，實用接地氣
- 臉書超人氣社團版主，專欄文章破萬點閱率
- 針對房市、房價直指盲點，精準趨勢全剖析
- 業界行家、建築巨頭、設計名家掛保證推薦
- 好房召集令，巷子內帶看，獨家買房關鍵全披露

標竿驗屋科技
TOP HOME INSPECTIONS

歡迎各界好友
一同加入！

中華民國全國驗屋標準推廣協會

聯繫窗口:標竿驗屋科技股份有限公司
聯繫電話:03-2875729
傳真號碼:03-2876518

國家圖書館出版品預行編目 (CIP) 資料

羅姐談房屋檢驗攻略標竿：預售交屋、成屋交屋、
中古屋驗屋程序輕鬆上手！/朱承天作. -- 第一版. --
臺北市：博思智庫股份有限公司, 2023.07 面；公分

ISBN 978-626-97419-0-8(平裝)

1.CST: 不動產業 2.CST: 投資

554.89   112007223

美好生活　45

羅姐談房屋檢驗攻略標竿
預售交屋、成屋交屋、中古屋驗屋程序輕鬆上手！

作　　者｜朱承天
策　　劃｜中華民國全國驗屋標準推廣協會
攝　　影｜朱承天、曹書瑤、簡文麒
行政執行｜曹書瑤
主　　編｜吳翔逸
執行編輯｜陳映羽
資料協力｜陳瑞玲
美術主任｜蔡雅芬

發 行 人｜黃輝煌
社　　長｜蕭艷秋
財務顧問｜蕭聰傑
出 版 者｜博思智庫股份有限公司
地　　址｜104 台北市中山區松江路 206 號 14 樓之 4
電　　話｜(02) 25623277
傳　　真｜(02) 25632892

總 代 理｜聯合發行股份有限公司
電　　話｜(02)29178022
傳　　真｜(02)29156275

印　　製｜永光彩色印刷股份有限公司
定　　價｜350 元
第一版第一刷　西元 2023 年 7 月

ISBN　978-626-97419-0-8
© 2023 Broad Think Tank Print in Taiwan

博思智庫股份有限公司

博思智庫粉絲團　Facebook.com/broadthinktank